FELIPE GÓMEZ-PALLETE RIVAS

Una vindicación
de la acción política

Prólogo de
Víctor Sampedro Blanco

Epílogo
José Luis González Quirós

Asociación por la
calidad y cultura
democráticas

Una vindicación de la acción política

ISBN: 978-84-606-7649-2

Retrato del autor (contraportada): Antonia Navarrete
Diseño de la portada y logo de la Asociación por la Calidad y Cultura Democráticas:
Carlos Senovilla y Jorge Luis Morejón

Maquetación: Antonio García Tomé

Para Lola, Enni, Sara, Rita y Alba,
por el futuro que me ayudáis a imaginar con vuestros ojos.

Contenido

Prólogo

Este libro plantea una propuesta firme de regeneración de la actividad política que no está de moda. En la avalancha de páginas publicadas con similar objetivo abundan juicios sumarísimos a la democracia representativa. Y ¿cómo no?, vienen seguidos de propuestas infalibles de solución final a la crisis institucional que enfrentamos. De hecho, la mayoría de los tribunos sucumben a la tentación de presentarse como cirujanos de hierro, dispuestos a amputar o implantar en el marco institucional medidas que se presentan como *deus ex machina*.

Frente a estas pretensiones, propias de la ingeniería social –con precedentes que suelen desembocar en tragedia o tragicomedia–, destaca el rigor y la audacia de la propuesta que realiza Felipe Gómez-Pallete. No en vano, voltea la mesa de debate. Propone un método para alcanzar un Sistema de Indicadores de Calidad Democrática. Los mimbres con los que teje su propuesta proceden de su sólida formación teórica, una intensa labor docente y su larga experiencia formando, liderando y organizando grupos de trabajo en los más variados ámbitos, desde grandes empresas a organizaciones no lucrativas.

En buena lógica con su trayectoria, Felipe Gómez-Pallete nos ofrece una metodología para la mejora constante de la Calidad Democrática. Es válida para cualquier partido político, cualquiera que sea su signo ideológico. Y vale, también, para cualquier otra organización o instancia representativa, que aúne la transparencia con el compromiso público de mejorar. Lo que aquí se planteará sirve tanto para los partidos con representación institucional y cargos administrativos, como para los que aspiran a ello. De igual modo, resulta pertinente para un sindicato, un consejo de redacción de un medio informativo o un consejo de administración de cualquier empresa.

Este texto insufla aire nuevo en un debate político que hoy en día parece sofocado por los maximalismos, las soluciones que se imponen como únicas, excluyentes del resto... y finales. Como decíamos antes, se nos promete erradicar el conflicto y las imperfecciones que conlleva todo régimen de representación política. Pero reparemos en que así se nos promete el fin de la democracia. Ésta será siempre un punto de partida y nunca de llegada. Y, si por algo se distingue un régimen democrático, es por no negar el error ni el conflicto, sino por plantear soluciones siempre mejorables y conflictos siempre manejables.

Nunca tendremos suficiente democracia, porque nunca serán bastantes las oportunidades de participación de cuerpo social en el proceso político. Y su reparto nunca será lo bastante igualitario. De igual modo, una democracia transparente y participada no añade nada al término "democracia". ¿Es que puede darse en la penumbra o la opacidad de un poder excluyente y exclusivo? Participación y transparencia se han erigido en mantras. Resultan tan manidos con intenciones espurias o se presentan con una ingenuidad tan suicida, que corren riesgo de acabar desactivados como motores de la innovación política.

Lo que Felipe Gómez-Pallete nos recuerda es que la participación resulta prioritaria en el seno de los equipos de quienes se postulan como representantes. De modo que si los partidos incursos en la batalla electoral abrazasen su propuesta, al menos incrementarían su democracia interna. Facilitarían (nunca asegurando ni certificando de por vida) un funcionamiento al servicio de los representados. Y, al dictado del líder, sólo cuándo éste lo fuese del cuerpo social que dice representar.

Porque, como subraya con pertinencia este texto, la transparencia resulta inocua cuando no va seguida de un compromiso de mejora. Objetivado en unos indicadores de calidad interna, ese compromiso imprime rigor al tan devaluado programa electoral. Asume su incumplimiento parcial, porque la tarea de gobierno siempre está condicionada por la falta de recursos de todo tipo o contextos imprevistos. Pero el autor no se instala, ni nos instala en el cinismo. Al contrario, lo que aquí nos presenta es una metodología para hacer de la transparencia algo operativo y con consecuencias reales. ¿De qué nos vale enseñar las impudicias del partido propio o de los contrincantes, si no se ven seguidas de un compromiso de enmienda? El método de trabajo expuesto en este libro servirá de antídoto a la transparencia, entendida como arma arrojadiza contra el enemigo interno o externo. O como un ejercicio de exhibicionismo que presenta la política como algo intrínsecamente sucio y, por tanto, apto para gentes sin escrúpulos.

La propuesta de regeneración, que se detalla en las próximas páginas, va a enfrentar dos obstáculos epistemológicos enormes. Son dos formas de entender y comprender los partidos políticos, que parecen instaladas en el debate público e impiden soluciones operativas. Me centro, así, en unos de los destinatarios más evidentes (y necesitados) del Sistema de Indicadores de Calidad Democrática. Y a ellos dedico el espacio restante que me concede el autor.

Podemos llamar la **tesis anti-empresarial** al primer obstáculo o prejuicio. Descarta aplicar a los partidos los principios las técnicas que se desprenden del conocimiento y la experiencia empresariales. Esta metodología, que aseguraría eficacia y eficiencia gerenciales, es indiferente a la ideología partidaria. Precisamente por tal motivo, se cuestionará su conveniencia. Los partidos, según esta perspectiva, venderían ideología, no productos o servicios contrastables por el electorado.

Lo que se aplica a la empresa no vale para un partido. Porque lo único que importa a los electores es la imagen pública o, mejor dicho, la publicitada por los medios y las maquinarias electorales. Eso dicen algunos. Y otros añaden que los ideales no se someten ni subordinan a la praxis. Hablemos, pues, con unos y otros.

Son muchos los que invocan la comunicación política para referirse a la mera retórica, la puesta en escena o la mercadotecnia electoral. A fin de cuentas, quienes piensan así se limitan a fabricar y proyectar liderazgos con "tirón mediático". O bien lanzan debates identitarios y campañas maniqueas. Esta estrategia se basa en la idea de que todo es "un problema de comunicación" de la actividad política, al margen de sus consecuencias reales sobre la ciudadanía. Presupone, por tanto, que ésta es fácilmente manipulable. Y aún peor: de partida, degrada su condición de sujeto político de pleno derecho.

Para rechazar la metodología de este libro, otras organizaciones políticas harán alarde de pureza y maximalismo ideológicos. Incurrirían, entonces, en dos contradicciones enormes según su posicionamiento en el espectro político.

Los autodenominados partidos conservadores o de derecha excluyen del ámbito político-partidario la racionalidad técnico-instrumental que prima en la empresa. Y ello a pesar de propugnarla como modelo de organización social. En el fondo, como se ha dicho, menosprecian las facultades, competencias y habilidades políticas de la ciudadanía. La consideran incapaz de operar de manera racional. En todo caso, la racionalidad empresarial que se emplea en estos partidos es sólo en un plano: lograr el máximo de votos con el mínimo compromiso de cumplir el programa electoral.

Por su parte, los supuestos representantes progresistas o de la izquierda, dicen postular principios innegociables. Esto también les evita asumir compromisos con la realidad, adaptar sus posiciones al aquí y ahora de lo factible políticamente. Y suelen esgrimir singularidades, que los distinguirían de "la derecha" y conllevarían métodos organizativos específicos, distintos y en los peores casos contrarios a la democracia representativa. La singularidad de la izquierda se plasmaría en asamblearismo puro y duro o en centralismo democrático. Dos causas en gran parte responsables de la inacción y/o del despotismo que priman en algunas de estas organizaciones.

Con todo ello, partidos de cualquier signo obviarán la conveniencia de invertir o contrapesar la (muy real y creciente) asimilación de las técnicas de participación y movilización social por grandes empresas. Tampoco reparan en que, precisamente, la metodología que nos propone Gómez-Pallete cuestiona el organigrama y las jerarquías empresariales. Establece debates abiertos e inclusivos, como punto de arranque de todo el proceso.

Puede observarse la estrecha relación de estos obstáculos con el descrédito y la falta de legitimidad de las burocracias de representación y gestión política. Son prejuicios que conllevan el ejercicio de la política como manipulación y mentira. La imagen y la palabrería, apenas respaldadas por los comportamientos, conduce a una política meramente simbólica, reductible a oposiciones retóricas entre identidades falsas y falaces: inventadas.

Más aún, estos prejuicios, presentes en todo el espectro ideológico, conducen a una política sin capacidad real de intervención y transformación. Excepto, claro está, si se practica como mera disputa por el poder. Lo que era maximalismo y pureza , se transforma en mero pragmatismo: hacer lo que el entorno permite sin alterarlo, asumiéndolo como inevitable.

Como puede colegirse, las barreras ideológicas para introducir mecanismos gerenciales en el campo político tienen consecuencias letales: la política como manipulación de los representantes (falsedad, fraude, corrupción) o resignación de los representados (desencanto, cinismo, apatía). El protocolo de actuación de este libro impugna y combate estas dos degeneraciones de partida.

El otro gran obstáculo a la aceptación del Sistema de Indicadores de Calidad es más pedestre, pero no menos importante. Está ampliamente extendido en las organizaciones políticas más asentadas de nuestro país. Y no es difícil identificarlo en las emergentes. Consiste en la atribución de **responsabilidades estrictamente personales** a los problemas de la organización o a su fracaso electoral. Abandonado el discurso ideológico (pues, en principio, es incompatible con la manipulación y la resignación) las soluciones se reducen a la disputa de liderazgos y entre los consabidos reinos de taifas. Según dijimos antes, el único aval será su "tirón mediático-electoral". Algo que se da por descontado, una vez se asegure el apoyo de los poderes (internos y externos) que se dan por inalterables. Las ejecutivas deponen y erigen líderes, mientras que los medios afines les proyectan y dan visibilidad. Disfrazan así la información de relaciones públicas y propaganda electoral.

Nada de lo antes expuesto hace mella en la propuesta de Felipe Gómez-Pallete. Busca mejorar las competencias de quienes se postulan como representantes públicos. Y reduce el carácter democrático a un mínimo común denominador, obligando a respetarlo. De aplicarse, esta metodología promovería la integridad de nuestros políticos. Entendiendo la integridad como respeto a los protocolos y compromisos proclamados en público y participados por la mayoría del partido. Y, sin duda, ayudaría a paliar la crisis de confianza en las instituciones. Los partidos y las administraciones darían una prueba inequívoca de que esos protocolos de participación, transparencia y compromiso le importan más que sus jerarquías y su traducción en votos.

La Asociación por la Calidad y la Cultura Democráticas (http://ccdemocraticas.net/), promovida y presidida por Felipe Gómez-Pallete y de la que surge esta publicación, vio la luz como prototipo en el seno del Máster de Comunicación, Cultura y Ciudadanía Digitales (http://cccd.es/wp/). Y lo hizo simultáneamente a otras iniciativas (por ejemplo, http://quehacenlosdiputados.net/) de signo contrario, pero con las mismas intenciones, entre otras, la de promover la cultura política de los afiliados, simpatizantes y votantes de los partidos de nuestra democracia. Como director del Máster, deseo aprovechar la ocasión que me brinda el autor para dejar constancia aquí de nuestro agradecimiento y admiración por estas iniciativas, de las que este libro, que me enorgullece haber prologado, es un feliz resultado.

Víctor Sampedro Blanco
Catedrático de Opinión Pública y Comunicación Política,
Universidad Rey Juan Carlos

Introducción

❧

Todo sucede como si hubiéramos perdido el norte. La gran brújula sociopolítica gira enloquecida entre diferentes ejes magnéticos: izquierdas – derechas, élites – ciudadanos, lo viejo – lo nuevo, participación – representación.

Este libro se alinea con el último de los campos mencionados, es decir, a lo largo de la tensión entre estos dos polos: el ocupado por los electores representados y, en el extremo opuesto, el de los representantes electos. Es, en este sentido, un libro transversal a los debates ideológico y generacional, sobre los que, por tanto, no arroja sombras, ni de los que tampoco recibe luz. Pues aquí nos ocupamos de determinadas cuestiones organizativas propias, en particular, de los partidos políticos[1].

En este libro se invita a los partidos a que mejoren sus competencias y habilidades para la toma de decisiones y la dirección de equipos humanos, con el fin de que puedan desempeñar las funciones que les reserva la Constitución de 1978, en su Art. 6, Título Primero. La propuesta que aquí ofrecemos les permitirá analizar situaciones complejas, establecer metas, fijar objetivos críticos, definir tareas, asignar responsabilidades y, en consecuencia, establecer planes de acción y comunicación así como calendarios de seguimiento y control. En suma, proponemos una forma de actuar que, concebida entre la teoría y la práctica, mejore la eficacia y la eficiencia de las organizaciones políticas.

Esta iniciativa, puesta a punto en el seno de la Asociación por la Calidad y Cultura Democráticas, viene a enriquecer el discurso dominante en el tiempo presente. Un discurso que se caracteriza no sólo, pero sí primariamente, por limitarse a proponer medidas legislativas y de transparencia para superar la crisis institucional y de legitimidad política que nos aqueja. Un discurso dominante que, además, es reflejo de la ola de simplicidad, por no decir de populismo, que inunda la oratoria y los escritos con que los líderes de uno y otro color, tradicionales y emergentes, jóvenes y no tanto, analizan causas y proponen soluciones.

En consecuencia, la recomendación que hacemos desde la Asociación por la Calidad y Cultura Democráticas –*Recomendación CCD*– implica complementar las iniciativas legislativas, de toda índole y envergadura, y las medidas de transparencia, aplicadas casi en exclusiva al ámbito de lo económico, con la mejora continua de las operaciones que tienen lugar en el seno de los partidos políticos. En otras palabras, leyes y transparencia, sí pero no únicamente. Pues tanto aquéllas como ésta resultarán, en el mejor de los casos, una patada hacia delante de no contar con el concurso de la 'calidad' en el sentido aquí propuesto. Una recomendación que, por otra parte, no huye de la complejidad, sino que, antes al contrario, la mira de frente como uno de los rasgos prominentes de nuestro tiempo. En resumen, proponemos actuar, no solo legislar; mejorar de forma continua, además de ser transparentes, y saber gestionar la complejidad donde y cuando la simplicidad se muestra incapaz.

Por otro lado, proponemos dejar de buscar exclusivamente en "el otro" el origen de los males que aquejan a cada cual: El capital y la burguesía para los marxistas; la 'casta' para los emergentes; el inmigrante para los populistas, el político para los ciudadanos, etcétera. Pues el discurso dominante no es solo simple e incompleto; es, también, maniqueo cuando exige ser o bueno o malo, o verdugo o víctima. Siempre "o". Únicamente "o". Proponemos complementar el enfoque disyuntivo con el de la cooperación, la conjunción y la suma: representantes electos y electores representados, política y economía, transición 1978 y siglo XXI, unidad y diversidad, soberanía nacional e interdependencia global, etcétera. En definitiva, recomendamos que, sin ignorar el papel del otro, aprendamos a mirarnos en el espejo que nos invita a la autocrítica.

El método de trabajo que presentamos en este libro –inspirado, entre otras, en las consideraciones aquí introducidas– renueva la cultura organizativa de los partidos políticos que lo adoptan. Pues su práctica desemboca en el fortalecimiento de las presunciones básicas que sus miembros comparten y utilizan para resolver los retos de integración interna y de adaptación al entorno.

En cuanto a su nombre, el método de trabajo propuesto responde a las siglas SIC. Pues además de para mejorar continuamente sus competencias como organización humana, los partidos pueden utilizarlo para definir y poner a punto sus propios Sistemas de Indicadores de Calidad, origen del acrónimo que da nombre al método.

El método SIC es una herramienta que, avalada por sus resultados en otros contextos organizativos durante décadas, contribuirá a la modernización de las formaciones políticas tradicionales. Y puede ser entendido, asimismo, como un procedimiento de trabajo que facilitará el desarrollo y consolidación, en los tiempos por venir, de los movimientos políticos emergentes.

El libro consta de dos partes y un apéndice. En la primera parte se expone una serie de consideraciones sobre la pertinencia de la recomendación que ofrecemos, sobre el método de trabajo propiamente dicho y, así también, sobre las razones que nos han llevado a escribir este libro. La segunda parte está redactada en un estilo directo y práctico para que la persona interesada encuentre con facilidad lo que presumiblemente busca en este libro: cómo actuar. Una actuación que se desarrolla en dos tiempos: preparación y realización. Pues la experiencia dice que, en estos asuntos, lo uno resulta tan determinante como lo otro.

Si estas dos partes contienen el *producto* final, es decir, el método de trabajo, el Apéndice está dedicado al *proceso*, es decir, al camino recorrido. Dicho en otros términos, en el Apéndice ofrecemos la historia contada por quienes creyeron en esta idea desde sus comienzos; también, la historia contada por nosotros mismos con las palabras de que disponíamos en cada etapa del proceso creativo y, en fin, la historia contada por boca de los autores que nos inspiraron. Creemos que la lectura de ambas partes, producto y proceso, permitirá al lector apreciar el relieve de nuestra propuesta, del mismo modo que, gracias a nuestros dos ojos, somos capaces de ver el mundo en tres dimensiones.

Mas no hay empresa o aventura, del signo que fuere, que pueda ser comprendida en su totalidad, además de observada en relieve, sin conocer el papel desempeñado por los seres humanos. Por eso, el proverbial espacio reservado a los agradecimientos merece ser entendido, además de cómo expresión de gratitud, como información adicional sobre la obra que se presenta.

La elaboración de este libro no habría sido posible sin el entusiasmo y el permanente flujo de aportaciones recibidas de los miembros tanto de la Junta Directiva como del equipo de trabajo de la Asociación. A todos y cada uno de ellos expreso aquí mi gratitud y reconocimiento por su labor: José Ignacio de las Llanderas, Guillermo García Polavieja, Javier Sada, Luis del Hoyo, Felipe Gómez-Pallete Jr., Silvia Álvarez y, por partida doble, Ester Crespo, Sofía de Roa y Víctor Sampedro. Además de miembro del equipo de trabajo, Víctor Sampedro es el cofundador y director del Master en Comunicación, Cultura y Ciudadanía Digitales de la Universidad Rey Juan Carlos, con base de operaciones en el Medialab-Prado de Madrid. Este Master CCCD –una iniciativa docente pionera en el mundo–, desempeñó un papel determinante en el nacimiento de esta Asociación. Y las tesis Fin de Master de ambas investigadoras, Ester y Sofía, colaboraron sobremanera a la puesta en escena de la Asociación.

Deseo asimismo agradecer el apoyo que con sus testimonios en nuestra Web nos ofrecieron, desde los comienzos, Joan Font, Investigador científico del CSIC y doctor en Ciencias Políticas y Sociología por la Universitat Autònoma de Barcelona; Daniel Innerarity, Catedrático de Filosofía Política e investigador Ikerbasque en la Universidad del País Vasco; Javier G. Polavieja, Catedrático de Sociología de la Universidad Carlos III de Madrid, y Robert M. Fishman, Catedrático de Sociología de la Universidad de Notre Dame (EEUU).

Así como muchos de los ya mencionados, Carlos Senovilla, Jorge Luis Morejón, José María Martín Patino, Juan José Sánchez Arévalo, Daniel Jiménez y Manuel Alfonseca también contribuyeron con sus entradas en el blog de la Asociación a dar forma, desde muy diferentes puntos de vista, al contenido de este libro. Añado a esta relación de nombres el de José Luis González Quirós con quien, por otra parte, la Asociación está en deuda por su aportación a nuestra definitiva denominación. Pues fue él quien propuso añadir, mediante una sólida argumentación, la idea de Cultura a la original de Calidad. Por lo demás, debo decir que este libro ha podido ver la luz en edición impresa gracias a González Quirós y a su tocayo José Luis Puerta. La experiencia de ambos en el mundo editorial se ha demostrado determinante, lo que para cualquier atribulado autor en busca de editor es motivo de especial gratitud.

Este libro es resultado, también, de innumerables conversaciones mantenidas, en diferentes lugares y formatos, desde 2011. Deseo expresar mi gratitud a las siguientes personas por el tiempo que me dedicaron y el evidente interés de sus opiniones: Belén Barreiro, Carmen García Alba, David Corominas, Eduardo Buxaderas, Elías Llamazares, Elisa Otero, Ernesto Carreño, Francisco Hidalgo, Ignacio Sánchez-Cuenca, Jorge Úbeda, José Carlos Herrero, José Ignacio Torreblanca, Juan Lizaur, Luis Ignacio Echevarría, Manuel González, Mario López de Ávila, May Escobar, Mercedes Silvela, Miguel Rodríguez, Natalia de la Fuente, Recaredo del Potro, Santiago Oller, Tomás y Marisa Alberdi, Trinidad Deiros y Vicky Bolaños.

He dejado para el final a dos personas cuyo papel ha sido decisivo. Quiero mencionar aquí a mi hijo Felipe, por su generosidad y acierto en el diseño y mantenimiento de la presencia de la Asociación en la Red. Y a mi esposa, Paz, quien con su conocimiento enciclopédico, experiencia e ingenio supo orientarme cada vez que mi brújula, como la de los tiempos que corren, me confundía. Este libro es, también, tuyo; tan hondas son tu huella y mi deuda.

Nota

1. Si bien los destinatarios inmediatos de este libro son los partidos políticos, su contenido es igualmente aplicable a sindicatos y patronales y, en general, a cuantas instituciones y órganos del Estado sostienen el funcionamiento de una sociedad democrática.

PRIMERA PARTE.
EXPOSICIÓN DE MOTIVOS

Capítulo primero
Consideraciones sobre la recomendación

❦

Todas las propuestas son necesarias

Dentro del vasto panorama de ideas que aparecen, casi a diario, para enderezar la situación actual, la gama de los medios que se proponen es muy amplia, como amplio es el espectro de los fines que se persiguen y variopinto el modo en que se articulan unos y otros[2]. Con independencia de cuál sea la estructura de fines y medios que defina y defienda cada propuesta, y al margen de su carácter –si estratégico, táctico u operativo–, y también del plazo y del campo de actividad a que se refieran, es necesario tomar en consideración todas las propuestas, sabiendo que ninguna de ellas, por sí sola, es suficiente[3]. Creemos que la recomendación que hacemos desde la Asociación por la Calidad y Cultura Democráticas –lo que hemos dado en llamar *Recomendación CCD*– es conceptualmente solvente, así como eficaces sus propuestas prácticas.

Estructuras de fines y medios

Distinguir entre fines y medios –básicos, intermedios y últimos–; construir su articulación; proponer a partir de ésta una forma de actuación práctica, y mantener presente que, por no existir una única solución, es obligado plantearse las posibles conexiones entre cada propuesta y el resto de las soluciones en marcha, son algunas de las cuestiones que han inspirado esta *Recomendación CCD*. Porque, en opinión de la Asociación, uno de los rasgos que caracterizan la época actual es la extendida tergiversación, en múltiples ámbitos de la actividad política, entre fines y medios. Un panorama que, en cierto modo, viene determinado por el déficit cognitivo en determinadas materias del que, a nuestro entender, adolecen los líderes políticos.

Una vez superada la crisis

El escenario de crisis en que la *Recomendación CCD* ha visto la luz remitirá, pero la necesidad de mejorar continuamente la democracia permanecerá. Porque la democracia no un estado de perfección que, una vez alcanzado, pudiera producirnos la satisfacción del trabajo bien hecho. Así, superada la crisis, el método SIC seguirá siendo necesario y válido, en tanto que el proceso de consolidación de la democracia no tiene fin. Esta idea[4] impregna profundamente la *Recomendación CCD*.

Nadie ha estado en el futuro

Eso parece: el futuro es un momento y un lugar en los que nadie ha estado. Unos apuestan por diseñarlo, según su criterio, antes de verse en él; otros, por construirlo mientras se van acercando, sin ocuparse ni preocuparse durante el camino por lo que, una vez allí, puedan encontrar. Los primeros opinan que el futuro es fruto de su voluntad; los segundos, de sus actos. Los primeros proponen constituciones y leyes, normas y medidas que reflejan su idea de futuro; los segundos hacen camino al andar y, así, pongamos por caso, incrementan la asignación de recursos[5]. Los primeros dibujan la parcela; los segundos la roturan. Es muy probable que ambos tengan su parte de razón. Lo que es seguro es que la *Recomendación CCD* encaja mejor en la segunda de estas dos escuelas que en la primera.

Transformaciones organizativas

El proceso de transformación organizativa que desencadena la incorporación de las tecnologías de información y comunicación a la sociedad y, en particular, a las organizaciones humanas apareció, en la literatura sobre administración de empresas, a principios de la década de los ochenta del siglo pasado[6] y, mucho más recientemente, en la literatura sobre partidos políticos[7,8].

El método SIC surge de la experiencia acumulada durante décadas en el campo de la administración y gestión. Una experiencia que hoy ponemos al servicio de un tipo particular de organizaciones humanas: los partidos políticos[9], para beneficio tanto de los partidos tradicionales, como de las organizaciones políticas de nuevo cuño que nacen en el entorno de las redes sociales. Es menester advertir que la *Recomendación CCD* se hace sin perder de vista la naturaleza meramente instrumental de las tecnologías de información y comunicación, algo que, en el campo de la política, los tecnófilos poco ilustrados y excesivamente ingenuos parecen olvidar con frecuencia.

La complejidad y el pensamiento sistémico

Como venimos exponiendo en diferentes blogs[10,11], el método SIC "comprende técnicas muy conocidas y contrastadas"que permiten afrontar la creciente complejidad del mundo. La utilización de estas herramientas requiere una fuerte preparación, así teórica como práctica, para evitar "iluminar lo complejo con el pensamiento simple o simplista, tan atractivo por su claridad"[12]. A este respecto, resulta llamativo el creciente uso del adjetivo "sistémico" para designar cualquier crisis (sea bancaria o política, no hay analista que se precie que no hable de "crisis sistémica"), mientras que, por paradójico que pueda parecer, el pensamiento genuinamente sistémico brilla por su ausencia. No solo en casa de los analistas, sino también en el discurso de los líderes, así económicos como políticos[13]. La complejidad, sí, es un rasgo de nuestro tiempo demasiado presente y universal como para ningunearlo a golpe de una simplicidad siempre engañosa e incapaz.

El otro, siempre el otro

Una de las manifestaciones más habituales del pensamiento simplista nace de la escasa capacidad de autocrítica con que nos desenvolvemos. Pues pensamos, decimos y actuamos como si el origen del problema estuviera en el "otro", siempre en el otro: En el capital y la burguesía para los marxistas; en la 'casta' para los emergentes; en el inmigrante para los populistas, en el político para los ciudadanos, etcétera[14]. El discurso simple y dominante exige, en fin, ser o bueno o malo, o verdugo o víctima, siempre la "O" por medio; nunca la cooperación, la suma, la conjunción copulativa "Y": representantes electos y electores representados, política y economía, Transición y siglo XXI, unidad y diversidad, soberanía nacional e interdependencia global, etcétera. La *Recomendación CCD*, sin ignorar el papel del otro, se mira, de principio a fin, en el espejo que nos invita a la autocrítica.

Los partidos políticos en su contexto

Economía (de mercado o no) y Política (democrática o no) son dos esferas interdependientes[15]. Cada una contiene sus propias lógicas y estructuras. Y sus correspondientes elementos:

- En la primera –la Economía–, Capital, Trabajo y Conocimiento son los elementos o factores de producción cuyas relaciones determinan el régimen económico de que se trate en cada caso.

- En la segunda –la Política– destacan, a los efectos que aquí nos importan estos dos elementos: (a) el sistema electoral[16], es decir, un proceso, y (b) los partidos políticos[17], es decir, unas asociaciones de mujeres y hombres que se organizan en torno de unos valores y unos objetivos compartidos.

Dentro de este gran sistema que acabamos de enunciar –compuesto por los subsistemas Economía y Política–, la *Recomendación CCD* fija su atención, en un elemento muy concreto: los partidos políticos[18]. La elección de este foco no ha sido arbitraria. Responde al convencimiento de que es en este particular lugar de la arquitectura institucional donde, con menor esfuerzo, puede hallarse el mayor número de causas de la actual crisis de legitimidad política[19]. El método SIC hace de estas organizaciones humanas su sistema de estudio y campo de acción.

Desidia o perpetración

La pobrísima consideración[20] que los partidos políticos merecen a analistas, estudiosos y ciudadanos en general se expresa en los más variados foros y formatos. Desde artículos de opinión a seminarios o encuentros de todo tipo y encuestas de opinión realizadas por toda suerte de instituciones dibujan un lamentable panorama, reflejo de dos hechos aparentemente contradictorios.

- Por una parte, cabe interpretar que el descrédito generalizado de los partidos políticos se debe a la dejación que estos hacen a diario de la letra y del espíritu del mencionado artículo 6 de nuestra Constitución de 1978.

- Pero cabe también comprender de otra forma el desapego ciudadano hacia los partidos políticos. Puede entenderse que no se trata de un desistimiento u olvido del articulado constitucional, cuanto de un uso torticero del mismo en tanto que, tomando este artículo 6 (¿su artículo?) como lanzadera, los partidos políticos han acabado por adueñarse de los principales resortes de Estado. Este comportamiento suele adjetivarse de metastásico, alegoría médica utilizada con frecuencia por los analistas políticos.

Desidia o perpetración, el resultado es una situación que ha alcanzado cotas de desvergüenza como nunca antes se habían conocido en nuestra historia democrática. Situación ésta que, como decimos reiteradamente, está en el origen de esta *Recomendación CCD*.

Polisemia de la palabra calidad

Muchas ideas –incontable puede decirse– van abriéndose camino con diferentes grados de formalización: mejorar la democracia interna de los partidos[21], profundizar en los procesos de participación de distintos colectivos (afiliados, juventudes, simpatizantes)[22], alentar la competencia entre los dirigentes del partido[23] o fortalecer la identificación entre representantes y representados[24], etcétera.

Mientras unas proponen nuevas leyes *ad hoc*, otras ofrecen actuar, y hacerlo ya, en el interior de los partidos. Y todas, de un modo u otro, remiten a la idea genérica de "calidad", una palabra con múltiples significados. Tanto cuando hablamos de la Asociación por la Calidad y Cultura Democráticas como cuando nos referimos al método SIC, utilizamos una acepción muy concreta de calidad entre todas las posibles, según fue expuesto en diversas entradas de nuestro blog[25]. Con frecuencia, la polisemia de esta palabra da pie a conocidos problemas de entendimiento, incluso entre expertos. Por ello, le dedicaremos especial atención en su momento. Baste adelantar aquí que, en este contexto, la "C" de calidad no significa superioridad o excelencia, como conceptos absolutos, sino adecuación o cumplimiento relativos a unas características o acuerdos establecidos.

Una apuesta por la competencia

La *Recomendación CCD* se caracteriza por una apuesta decidida por la competencia, concepto que interpretamos de la siguiente forma:

- Competencia en su doble acepción:

    - Como "Oposición o rivalidad entre dos o más que aspiran a obtener la misma cosa" y, en concreto, oposición o rivalidad entre partidos políticos que aspiran a alcanzar el poder.

    - Como "Pericia, aptitud, idoneidad para hacer algo o intervenir en un asunto determinado" y, en concreto, pericia, aptitud o idoneidad para dirigir equipos humanos, analizar situaciones complejas, marcar metas y objetivos críticos, tomar decisiones, determinar tareas a realizar, establecer planes de acción, etcétera. Y no sólo en el seno de partidos tradicionales; también en las organizaciones políticas de nuevo cuño[26].

- Competencia, en tanto que oposición, entre partidos políticos, pero no en el plano ideológico, sino en el organizativo[27], lo que de ningún modo equivale a circunscribirse a la gestión de contingencias o asuntos administrativos[28].

- Competencia, en tanto que pericia, sí, pero ¿promovida por los propios partidos o como respuesta a la presión social que va en aumento?[29]. La respuesta que ofrece la *Recomendación CCD* es rotunda: ambas fuerzas son necesarias. Pues sin la auto exigencia de los partidos nada será creíble ni factible, mas sin la presión social todo puede devenir efímero.

- Y competencia para mirar no sólo hacia atrás (transparencia de los realizado); también hacia delante (compromiso con el futuro)[30,31]. Y tampoco con el exclusivo propósito de acabar con la corrupción[32]; también con la decidida voluntad de iniciar a los partidos políticos en la senda de la mejora continua de sus procesos de toma de decisiones. Porque entendemos la corrupción no tanto como un problema cuanto como un síntoma, manifestación o consecuencia de problemas de fondo.

Sí, nosotros también creemos firmemente que aquí, hoy, en política, "al final ganará el más competente y convincente: bienvenida sea aquí también la competencia"[33].

En definitiva

La Asociación por la Calidad y Cultura Democráticas lanza su *Recomendación CCD* al estanque donde incontables otras iniciativas vienen ya provocando sus particulares ondas concéntricas. Y lo hacemos con el convencimiento de que la sinergia o interacción entre todas ellas dará como resultado un futuro que, en las circunstancias actuales, no es posible predecir.

No podría entenderse la *Recomendación CCD* si se partiera de la creencia contraria, es decir, si se creyera que el futuro es predecible. El hábitat natural donde prosperan las actuaciones SIC es el espacio donde viven y trabajan los líderes que hacen de la imposibilidad de predecir el futuro la bandera de su liderazgo. Porque son conscientes de que les ha tocado ejercer sus capacidades de conducción en pleno cambio de época y no en una época de cambios[34].

En definitiva, la *Recomendación CCD* responde a la necesidad de arrojar luz sobre la estructura de fines y medios en la acción política y, también, en lo referente a la concepción de la democracia como proceso. Una iniciativa que, aceptando la imposibilidad de predecir el futuro, está familiarizada con el desarrollo evolutivo y los mecanismos de gestación de nuevas formas organizativas, como son las estructuras en red que están llamadas a enriquecer la concepción jerárquica del trabajo asociativo. Una invitación, en fin, para poner coto al pensamiento simple con el que una parte importante de los líderes políticos actuales –azules y rojos; sesentones y treintañeros; nacionales y nacionalistas; analógicos y digitales– pretende adormecer, en lugar de provocar, la inteligencia de la ciudadanía.

Notas

2. A modo de ejemplo, en Torreblanca, José Ignacio, "España tiene solución", *El País*, 12 septiembre 2012, se propone el siguiente catálogo de reformas: 1. Forzar una mayor independencia de los cargos electos y militantes frente a las cúpulas de los partidos, 2. Acometer la despolitización de la Administración publica, 3. Lograr que el Parlamento y sus comisiones se conviertan en el lugar donde efectivamente se controle la acción de gobierno, 4. Garantizar la independencia de las instituciones y poderes del estado que tienen que controlar a los políticos, 5. Implantar el máximo de transparencia en la gestión de lo público. 6. Completar el Estado autonómico, [y 7.] Revisar las competencias y recursos de los que disponen los tres niveles de gobierno. Para la mayoría de estas reformas, el autor sugiere su correspondiente medida. Así, para alcanzar una "mayor independencia de los cargos electos y militantes frente a las cúpulas de los partidos", se propone condicionar las subvenciones públicas a los partidos "a la existencia de una verdadera democracia interna". Qué significa y, sobre todo, **cómo** lograr una 'verdadera democracia interna' es algo que no entra en este formato de propuestas generalistas.

3. Crespo, Ester, "Empoderamiento ciudadano en red: plataforma y herramientas de subpolítica democrática". Trabajo Fin de Máster en Comunicación, Cultura y Ciudadanía Digitales. *Universidad Rey Juan Carlos de Madrid y Asociación por la Calidad y Cultura Democráticas,* 2013.

4. La idea de democracia como proceso, que no como meta, determina en gran medida discursos, propuestas y acciones. Hay muchas formas de ilustrar esta idea central. He aquí algunas de ellas. Podemos:
    – Parafrasear la célebre cita atribuida a Mahatma Gandhi y, así, en lugar de paz hablar de democracia: "No hay camino para la democracia; la democracia es el camino"
    – Invocar la proverbial idea de "viaje inacabado" de Robert H. Dahl
    – Recordar la noción que se imparte en cualquier curso académico básico: "Ninguna definición de la democracia es suficiente" (por ejemplo: Sodaro, Michael J., *Política y Ciencia Política. Una introducción*, Madrid, McGraw-Hill, 2004. Pág. 129) y, a partir de aquí, comprobar cómo evoluciona la definición de la democracia en, por ejemplo, el diccionario de la lengua española, DRAE: En la edición 22ª, año 2001, la voz 'democracia' se explicaba con 30 palabras y 169 caracteres; en la edición 23ª, año 2014, se emplean casi 10 veces más: 283 palabras y 1660 caracteres, o bien
    – Citar a Fernando Savater: "…las cosas que admiten definición exacta es porque no tienen historia, mientras que cuanto cambia históricamente solo se define con borrones y tachaduras: de modo que sabemos de una vez por todas lo que es el triángulo equilátero pero no la democracia". Savater, Fernando, "Tribulaciones democráticas", *El País*, 12 abril 2014.
    Por eso, en suma, resulta apropiado hablar, por una parte, de 'perfeccionamiento' (permanente) de la democracia y, por otra, de 'regeneración' de la actividad política. Esta *Recomendación CCD* pretende contribuir a lo primero por medio de lo segundo. La expresión 'regeneración democrática' la consideramos desafortunada, por más que haya hecho fortuna.

5. A modo de ejemplo, véase esta polémica en Fabra, María "Jueces y fiscales creen que la reforma de la justicia no paliará la corrupción. Recalcan que no se trata de cambiar el marco legal, sino de poner más medios", *El País*, 3 mayo 2014.

6. Toffler, Alvin, *La tercera ola*, Barcelona, Plaza & Janés, 1997, y Naisbitt, John, *Megatrends*, Editorial Mitre, 1983, fueron dos de los más renombrados divulgadores de la entonces incipiente preocupación por la transformación "de las jerarquías a las redes",

un fenómeno en la estela de las aportaciones teóricas al campo de la toma de decisiones en las organizaciones humanas debidas al economista, politólogo y sociólogo Herbert Simon (1916-2001), premio nobel de Economía.

7. Gutiérrez-Rubí, Antonio, "Otro modelo de partido es posible", *Fundación Ideas*, 27 diciembre 2011. Artículo incluido en libro digital del mismo nombre, pp. 17-21: "Priman [en los partidos] las estructuras verticales y centralizadas, en contraste con las nuevas redes horizontales y descentralizadas que se imponen en la ciencia, la economía, la empresa (…) Transformar una organización piramidal en una organización red no es sencillo. El choque es duro. Pero es inevitable e inaplazable (…) El proceso de cambio reconfigurará el poder, que se obtendrá, no por el lugar que se ocupa en el organigrama, sino por el mérito (…) Organizarse por objetivos y causas, no por galones y cargo…". Se trata de un elenco de asuntos sobre los que la administración de empresas (como conjunto de teorías, conocimientos y experiencias prácticas) puede y tiene mucho que aportar a la teoría y práctica políticas.

8. Por su parte, Subirats, Joan, "El futuro de los partidos", *Cuadernos eldiario.es*, #03, otoño 2013, pág. 32, abunda en esta misma cuestión con estas palabras: "…los partidos son organizaciones, y como tales deberían estar atentas al cambio en su entorno, para evitar crisis de acomodación. Mientras las empresas y otras formas asociativas han tratado de buscar respuestas postfordistas a sus crisis recurrentes, los partidos siguen anclados en sus pautas tradicionales, a las que han añadido marketing y web".

9. Lo que aprovechamos para exponer una idea sobre la que volveremos una y otra vez: la necesidad de superar la indisimulada prevención con que, en nuestra opinión, se observan no tanto los teóricos (que también) cuanto las personas de acción en ambos campos: desde la empresa hacia la política y viceversa. El método SIC, nacido en esta particular tierra de nadie, aspira a colaborar en la construcción de puentes entre unos y otros.

10. Editorial, "Diálogo sobre calidad democrática", *Blog de la Asociación por la Calidad y Cultura Democráticas*, 3 y 5 abril 2014.

11. Gómez-Pallete, Felipe, "Diálogos sobre calidad y democracia", *Blog El 4º poder en red, Público.es*, 5 mayo 2014.

12. Martín Patino, José María, "La tiranía del pensamiento simple", *Blog de Asociación por la Calidad y Cultura Democráticas*, 15 mayo 2013. Este tipo de reflexiones es frecuente. Ver, por ejemplo: Lledó, Emilio, "¿Quién privatiza a los políticos?", *El País*, 4 octubre 2011; sobre la necesidad de que nuestros líderes "se reciclen para la complejidad", Entrevista de Fietta Jarque a Juan Cueto, *El País*, 5 marzo 2011, y Garrigues, Antonio, "VUCA" (Volatility, Uncertainty, Complexity y Ambiguity), *La Tercera de ABC*, 9 febrero 2015.

13. El pensamiento simple se caracteriza por la estructura lineal de su discurso, un discurso de buenos y malos, en el que, por ejemplo, la banca reprocha el papel desempeñado por la política, a lo que los políticos responden afeando la conducta de los banqueros. Un discurso que, en el campo la política, solo sabe repartir culpas o méritos a unos u otros, ora a los representantes, ora a los representados, sin reparar en la retroalimentación entre ambos ni, por tanto, en el concepto de corresponsabilidad, como se denuncia, por ejemplo, en Vallespín, Fernando, "¿Súbditos o ciudadanos?", *El País*, 13 septiembre 2012. Se trata, en fin, de un discurso lineal cuya única producción son listas interminables de asuntos inconexos puestos en fila, vademécums inmanejables de problemas sin otra relación entre ellos que las preocupaciones o intereses de sus autores. Nada que se parezca, ni por asomo, al rigor requerido para definir los límites del sistema a debate, identificar los elementos de que consta y establecer las relaciones entre las partes y, también, entre éstas y el todo, como nos enseña el abecé de la Teoría General de Sistemas. La TGS es una forma de analizar, argumentar y proponer que, en la actualidad, parece estar fuera del alcance de la mayoría de los

líderes políticos. Unos líderes cuya oratoria (discursos, conferencias, mítines) se nutre, en el mejor de los casos, de la habilidad desarrollada para hilvanar y ofrecer titulares de prensa o *tuits* que no superen los 140 caracteres. Esto es especialmente aplicable –pero ni mucho menos en exclusiva– a los líderes populistas, tanto de derechas como de izquierdas. Si Karl Ludwig von Bertalanffy (1901-1972), 'padre' de la TGS, levantara la cabeza, suspendería y reprendería severamente a los más destacados políticos y pensadores de todo el espectro ideológico, desde los tiempos de la Transición hasta hoy.

14. Álvarez Junco, José, "El temor al Maligno*", El País*, 9 junio 2014.
15. Dahl, Robert A., *La democracia*, Barcelona, Editorial Planeta, 2012, capítulos XIII y XIV, pp. 191-205.
16. Con todo lo que ello comprende: Formas y mecanismos de representación, leyes de reparto, circunscripciones, listas electorales, etcétera.
17. Dahl, Robert A., *op. cit.*: "Probablemente ninguna institución política conforma tanto el paisaje político de un país democrático como su sistema electoral y sus partidos políticos", pág. 151.
18. "Los partidos políticos expresan el pluralismo político, concurren a la formación y manifestación de la voluntad popular y son instrumento fundamental para la participación política. Su creación y el ejercicio de su actividad son libres dentro del respeto a la Constitución y a la ley. Su estructura interna y funcionamiento deberán ser democráticos" [Título preliminar, Art. 6. Constitución española, 1978]. Otras instituciones que componen el sistema político son: Senado, Congreso, Sindicatos, etcétera.
19. Lo que, con la ayuda del fraile franciscano Guillermo de Ockham y su celebérrima navaja –monumento al sentido común– avala nuestra elección analítica.
20. Elegimos, como muestra, estas tres citas:
    – "…la corrupción es una de las facetas que definen hoy a la clase política española, pues un día sí y otro también, se destapan los escándalos que, más allá de a políticos aislados, involucran a partidos políticos en su conjunto". Esteban, Jorge de, "No nos representan", *El Mundo*, 6 febrero 2014.
    – "…la política se ha salido de sus raíles. Tras el mal funcionamiento de las instituciones hay una raíz: los partidos". Gómez Yáñez, José Antonio, "Los partidos, ¿el núcleo de todo esto?", *El País*, 13 julio 2012.
    – "Cuando el 15M gritaba 'que no nos representan' estaba poniendo el dedo en la llaga por la que supura nuestra sociedad: los partidos". Gallego, Javier, "El corazón de las tinieblas", *Cuadernos eldiario.es*. #03, otoño 2013, pág. 82.
21. Villavicencio, Nelson J., "Calidad democrática y democracia interna de partidos políticos", 7º Congreso latinoamericano de Ciencia Política, Bogotá, *Centro de Estudios de Asuntos Públicos*, 2013.
22. Roa, Sofía de, "Evaluación de la participación interna en partidos políticos: Sistema de Indicadores de Calidad democrática", Trabajo Fin de Máster en Comunicación, Cultura y Ciudadanía Digitales. *Universidad Rey Juan Carlos de Madrid y Asociación por la Calidad y Cultura Democráticas,* 2014.
23. Gómez Yáñez, José Antonio, *op. cit.*
24. Esteban, Jorge de, *op. cit.*
25. Editorial, "Serie: La calidad bien entendida", *Blog de la Asociación por la Calidad y Cultura Democráticas*, 30 noviembre 2013.
26. Subirats, Joan, *op. cit.*: "¿Habrá partidos? Es como preguntar si habrá universidades o periódicos. Lo que imaginamos es que habrá espacios educativos y habrá espacios informativos. Habrá también activistas, agitadores de conciencia, personas que asuman o personalicen responsabilidades colectivas. Y ello exigirá organización e ideas".

27. Editorial, "Ideología y organización", *Blog de la Asociación por la Calidad y Cultura Democráticas*, 4 marzo 2014.

28. Es preciso subrayar en este punto que la *Recomendación CCD* se sitúa fuera del debate ideológico, posición que le priva de intensidad política, es decir, de la pasión con que debatiríamos, por ejemplo, asuntos de este tenor: ¿Es admisible alguna desigualdad económica o social cuando, gracias a ella, aumente el bienestar y la riqueza de los más desfavorecidos? [García Norro, Juan José, "¿Es lo mismo la izquierda que la derecha?", *El Confidencial, Escuela de Filosofía*, 18 mayo 2014]. Siendo ello así, no es menos cierto que la *Recomendación CCD* se sitúa en el corazón del gran debate oculto, el que rara vez tiene lugar entre las formaciones políticas: el debate sobre la calidad de sus respectivas organizaciones, un debate éste que va mucho más allá de las insulsas y cínicas controversias sobre la forma en que un partido debiera elegir a sus líderes.

29. Esta artificial disyuntiva es habitualmente alimentada por políticos y analistas. A modo de ejemplo podemos citar el siguiente planteamiento: "¿Cabe confiar en que este cambio [de los partidos políticos] se haga de manera espontánea, desde dentro de los propios partidos políticos? Lamentablemente eso es muy improbable. Tiene que ser la sociedad civil la que, movilizándose, tome el protagonismo y exija los cambios necesarios". [Molinas, César y Nuez, Elisa de la, "¿Por qué hay que cambiar los partidos?" *El País*, 27 mayo 2013]. Muy al contrario, la Asociación por la Calidad y Cultura Democráticas entiende que ambos actores –partidos políticos y ciudadanía– son corresponsables. La corresponsabilidad es un concepto que atraviesa, de principio a fin, esta *Recomendación CCD*.

30. Animamos al lector a que reflexione sobre el mensaje gráfico (Tabla 2x2: Calidad *versus* Transparencia) contenido en el editorial "No, no nos abrirán", *Blog de la Asociación por la Calidad y Cultura Democráticas*, 1 marzo 2014.

31. O los partidos políticos "muestran y dan publicidad a sus cuentas y procesos de funcionamiento y decisión internos, o acabarán como meros guetos de zombis dogmáticos ultraconvencidos, y tendrán cada vez menos presencia e importancia". Grueso, Stéphane M., "El juego ha caducado", *Cuadernos eldiario.es,* #03, otoño 2013, pág. 71.

32. Moles i Plaza, Ramon-Jordi, "Gobernar la corrupción", *El País*, 12 mayo 2014.

33. Vallespín, Fernando, "Revuelo en la izquierda", *El País*, 27 junio 2014.

34. Así como el análisis sistémico permite visualizar la estructura (el todo y sus partes) de las organizaciones humanas, el pensamiento evolutivo nos guía en la comprensión de los procesos de cambio que experimentan aquéllas. Como dijimos anteriormente, sin el abecé de la Teoría General de Sistemas nos perdemos la anatomía o arquitectura de los asuntos, que es lo que les ocurre a los líderes simples. Ahora es el momento de completar la anterior denuncia: sin conocer el abecé que explica los procesos de cambio que están teniendo lugar hoy (en un siglo XXI muy alejado del equilibrio) no entenderemos el devenir de lo que acontece, que es lo que les sucede a los líderes que dicen saber a dónde se dirigen. Estas son las dos columnas sobre las que se levanta SIC: la iniciada por el biólogo Bertalanffy y la que debemos a científicos multidisciplinares como, por ejemplo, Ilya Prigogine (1917-2003), premio nobel de Química 1977, de creciente predicamento entre los que cultivan las ciencias sociales. Estos dos pilares o ingredientes no suelen formar parte del bagaje intelectual de los líderes políticos, déficit que ayuda a comprender la exasperante torpeza dialéctica que frecuentemente preside, por citar un único asunto, el debate independentista de nuestros días.

Capítulo segundo
Consideraciones sobre el método

🦂

En este segundo bloque de consideraciones previas nos ocupamos de algunos aspectos relativos a:

- Las condiciones que deben darse para que la utilización del método proporcione los resultados que esperan obtener tanto el partido político como la organización externa a la que éste confía la labor de asesoramiento

- La importancia que tiene para el asesor, o la asesora, interpretar correctamente las motivaciones que impulsan al partido a emprender una actuación SIC, así como conocer los resultados que éste espera conseguir

- La importancia que tiene para el partido distinguir los primeros resultados, que podrá conseguir de forma inmediata, de los que podrá ir incorporando, con el paso del tiempo, a la cultura de su organización

Todo lo cual, junto con otros detalles de menor rango, mas no por ello menos importantes, queda expuesto en los siguientes términos:

Auctoritas y potestas

Quién promueva dentro del partido la aplicación de este método de trabajo no es un asunto baladí. Su perfil debe estar en consonancia con la envergadura de la operación que supone incorporar a la operativa del partido nuevas formas de actuación. Su prestigio entre los miembros de los diferentes niveles de organización del partido, junto con su autoridad formal, son requisitos que deben, por tanto, ser tenidos en cuenta[35]. Minusvalorar la importancia de acertar en este punto puede, en el mejor de los casos, poner en peligro la utilidad de la iniciativa.

La autoridad y el poder de esta persona son determinantes para el buen fin de la operación que propone introducir en el partido. Y también lo es la idoneidad de las personas convocadas para que, constituidas en equipo de trabajo, realicen las diferentes tareas de que consta cada una de las fases SIC, como se detalla más delante.

Motivaciones

El partido debe poner en conocimiento de la asesoría, con tanto detalle como sea posible en el arranque de los trabajos, cuál es el mapa de las motivaciones que le impulsan a introducir estas nuevas prácticas de trabajo. ¿Son motivaciones de carácter electoral (finalistas) o, por el contrario, son motivaciones relativas al funcionamiento del partido, de naturaleza, por tanto, instrumental? En cuanto al horizonte temporal, ¿hablamos de una operación a corto, medio o largo plazo? Y por lo que se refiere al ámbito de aplicación, ¿de qué tipo son las necesidades que motivan una actuación SIC, estratégicas, tácticas u operativas? No tener identificadas estas y otras cuestiones de semejante índole, o el desconocimiento de las mismas por los agentes que intervienen, dificultará la puesta en contexto de una actuación SIC.

Beneficios

El análisis de las motivaciones conduce de forma natural al de los beneficios que se esperan conseguir. Un partido puede sentirse motivado a emprender el camino de la mejora continua de su organización con el fin de obtener, para sí o para los demás, beneficios de muy diferente índole:

- Cabe hablar del beneficio que el partido espera obtener de su entorno, por ejemplo: mayor aceptación ciudadana y, en definitiva, mayor intención de voto

- Es posible también hablar del beneficio que el partido proporcionaría a su entorno, tanto institucional (fortalecimiento de la democracia) como social (ejemplaridad y ciudadanía)

- Y podemos asimismo hablar de los beneficios que el partido recogerá para sí mismo: pues toda mejora en la cultura organizativa redunda en una mayor cohesión interna, al mismo tiempo que aumenta las posibilidades de adaptación al entorno

Ni aislado ni fugaz

Es asimismo recomendable que una iniciativa SIC sea considerada, desde el mismo comienzo en que se anuncia, como una nueva forma de trabajar en equipo dentro del partido, no como un empeño aislado ni, menos aún, fugaz. Un nuevo modus operandi para la definición y el establecimiento de planes de acción cuyo desarrollo, consecuentemente, ha de ser evaluado y corregido con la regularidad que en cada caso se estime necesaria. De no difundir a lo largo y ancho de la organización este entendimiento sobre el alcance de la actuación SIC, y así compartirlo desde un principio y sin reservas ni dobles agendas, se corre el riesgo de poner en marcha una operación que, lejos de ser eficaz, supondrá una fuente de frustraciones, lo que dificultaría posteriores intentos.

Un documento y una experiencia

Una actuación SIC –promovida por el partido, realizada por el equipo de trabajo convocado a tal efecto y conducida con la ayuda de una asesoría externa– es un acto de prestación de servicios en el que la herramienta de trabajo es la palabra, el proceso es dialéctico y el resultado inmediato no es tangible como pueda serlo un producto físico. Por ello, el resultado inmediato de la actuación, o prestación del servicio, ha de describirse desde un principio en términos especialmente concretos.

Lo que va a recibir el partido político que acomete una actuación SIC son dos cosas, un documento y una experiencia:

- El documento, como describe la segunda parte, contiene la relación exhaustiva de todas las categorías de la lógica SIC: desde la definición (inequívoca y consensuada) del objetivo propuesto, hasta los planes de acción, comunicación y seguimiento (necesarios para alcanzar dicho objetivo).

- La experiencia es la vivida por los miembros del equipo, líder incluido, durante las jornadas de trabajo. Tanto en lo profesional como en lo humano, encierra todos los significados de la palabra *experiencia*[36]. Así, cada uno de los participantes habrá "sentido, conocido o presenciado" las circunstancias o situaciones vividas, por sí mismo y en relación con los demás. Al mismo tiempo habrá practicado y, por tanto, adquirido conocimientos y habilidades en provecho propio y de su formación política.

Documento y experiencia no admiten comparación, claro está, ni en el fondo ni en la forma. Pero las aportaciones que uno y otra hacen al cambio cultural del partido son determinantes por igual. Mas en el fantástico supuesto de verse obligado a descartar uno de los dos, el partido haría bien, sin duda de ningún género, en elegir la experiencia acumulada, es decir, el proceso vital antes que el resultado escrito.

Preceder, presidir y suceder

Otros aspectos a tener en cuenta son los relativos a la organización y a la logística que han de preceder, presidir y suceder a una actuación SIC:

- Desde la elección del lugar de trabajo: por su ubicación, que ha de ser diferente de la habitual; por sus características físicas en cuanto a tamaño, seguridad, etcétera, y por el equipamiento de que esté dotado,

- hasta la agenda y duración de las jornadas, con los tiempos y asuntos determinados con tanta precisión como con holgura para los imprevistos,

- pasando por el material de consulta que debe encontrarse disponible en las sesiones de trabajo, todo ello, en fin, ha de ser previsto y observado, así como registrado para posteriores ediciones.

Nunca será suficiente todo lo que se insista en estos tres tiempos: antes, durante y después. Pues no operamos en el vacío, sino en el seno de una sociedad donde lo habitual viene siendo mostrar gran predisposición para los actos inaugurales en detrimento de lo que no brilla y sí pasa desapercibido: la planificación de lo que debe hacerse y el posterior mantenimiento de la obra o el proceso construidos.

Cantidad y contenido

Hasta aquí hemos hablado de "una actuación SIC". Ahora es el momento de preguntarse por la cantidad y el contenido de las actuaciones SIC que una formación política decida emprender.

¿Cuántas actuaciones? Siempre habrá una primera edición y si, como resultado de ésta, el partido se muestra decidido a incorporar a sus hábitos de trabajo esta manera de analizar situaciones, marcarse objetivos, tomar decisiones y controlar su grado de cumplimiento en el tiempo, entonces, habrá una segunda edición, para la que se puede volver a contar, o bien no, con la ayuda de un asesor externo. Y quizá una tercera, etcétera. Hasta que la formación política tome las riendas de su propio proceso de transformación y ya no quepa hablar de 'las actuaciones SIC' que acomete, sino de la forma habitual de trabajo que ha adquirido el partido y que, como tal, representa una de las manifestaciones visibles de su cultura organizativa[37].

En cuanto al contenido de las actuaciones SIC, la mejor respuesta es la enumeración de algunos ejemplos[38]. Imaginemos que una formación política constituye un grupo de trabajo con el fin de determinar qué debe hacer para:

- Fijar en 5 años la experiencia internacional mínima que deben tener quienes aspiren a ser elegidos candidatos electorales a cargos de representación pública. Plazo: 12 meses a partir de hoy

- Asegurar una tasa de cobertura de sus gastos de personal fijo no inferior al 45% de sus ingresos por cuotas de afiliados antes del 31 de diciembre de 2020

- Conseguir, en el plazo de 2 años, un índice de paridad del 50 % en todos los órganos de gobierno, tanto a escala nacional como regional

- Alcanzar la calificación de 'máxima transparencia' en la rúbrica de información económica en el plazo de 3 años, o

- Exigir un mínimo de 6 años de experiencia profesional, fuera del campo de la política, a sus dirigentes, no más tarde de…

Escaso atractivo; tremendo poder

La incorporación del método SIC a la operativa de los partidos políticos presenta dos rasgos de signo muy diferente pero de similares efectos. Por una parte, se trata de una práctica que presenta un escaso atractivo. La falta de encanto o seducción de esta iniciativa es especialmente llamativa cuando se la compara con cualesquiera de las innumerables formas de entender el 'arte de la política'. Un arte que tiene mucho más que ver con el *para qué* o modelo de sociedad, que con el *cómo* el político se compromete a alcanzarlo. Esto explica, entre otras razones, que SIC goce, hoy por hoy, de escasa aceptación.

Mas, por otra parte, estos métodos demuestran un enorme poder para cambiar muchas cosas a su paso. La experiencia nos demuestra que, en efecto, SIC introduce cambios en modos y procedimientos, usos y costumbres que, antes de su adopción, parecían intocables. Y es este poder transformador de SIC lo que también determina su rechazo. Pues los líderes de las organizaciones humanas al borde de la desintegración, creyéndose 'fines en sí mismos', se muestran temerosos y reacios, niegan la necesidad de cambiar y acaban imponiendo su autoridad. Las experiencias sobre las que se ha levantado SIC, si bien realizadas la mayor parte de ellas en campos organizativos diferentes del de la arena política, contienen numerosos y reveladores ejemplos.

En fin, el panorama político actual, con numerosas citas electorales, se presenta repleto de promesas tremendamente atractivas –la lucha contra la desigualdad, la reducción del paro– pero ¿cómo?, ¿que posibilidades hay de que nos acerquemos a estos objetivos? Nadie discute su necesidad; muchos ignoramos cómo tienen previsto modernizar los partidos sus organizaciones para que, entre todos, podamos avanzar hacia tan urgentes como ambiciosas metas. Sobran profesionales del "hay que"; escasean quienes se ponen manos a la obra.

Notas

35. Estamos hablando de los dos componentes del binomio clásico auctoritas-potestas: el saber (auctoritas) y el poder (potestas) socialmente reconocidos. El significado que tienen ambos conceptos en el día a día del mundo de la empresa, ¿es o no es trasladable al contexto de los partidos políticos convencionales? ¿Y al contexto de las nuevas formas de asociación colaborativa en las redes sociales? ¿En qué medida; con qué matices? Esta llamada a la necesidad de "traducir" correctamente categorías habituales en el mundo de la empresa al ámbito de las organizaciones políticas es una reflexión obligada y varias veces aludida en este libro; tal es la opinión de quienes entendemos que el puente entre ambos mundos ha de servir para el enriquecimiento mutuo, intelectual y práctico, antes que como vía por la que circular, en ambos sentidos, pertrechados de recelos y reproches.

36. *Diccionario de la lengua española* (*DRAE*), edición 22ª. Madrid, 2001.

37. Las estructuras y procesos, junto con los valores, son manifestaciones de la cultura organizativa, entendida ésta como el conjunto de las presunciones básicas compartidas por los miembros de la organización, lo que les permite hacer frente a los problemas tanto de adaptación externa como de integración interna: Schein, Edgar H., *Organizational culture and leadership*. San Francisco, Jossey-Bass, 1986, pp. 5-9.

38. Editorial, "La calidad bien entendida (1)", *Blog de la Asociación por la Calidad y Cultura Democráticas*, 4 agosto 2013.

Capítulo tercero
Consideraciones sobre el libro

❧

En la revisión final del manuscrito, el autor del prólogo sostenía que, una vez publicado, el libro será de quien lo lea y de quien lo ponga en práctica. Pues antes o después –añadía–, de un modo u otro, explícito o implícito, reconocido o plagiado lo que aquí se propone será realidad. No la ideada originalmente, sino algo que sorprenderá. Pues sinergia, colaboración en griego, –concluía– significa también sorpresa. Este es, en fin, el libro que el lector tiene en sus manos y del que en este breve capítulo exponemos por qué, para qué y para quiénes lo hemos escrito; cuáles son las fuentes bibliográficas que hemos utilizado, y qué ofrece y qué es lo que no puede proporcionar su contenido.

La dificultad de lo sencillo

Si una actuación SIC está compuesta de pasos poco o nada sofisticados ni abstrusos, ¿qué sentido tiene redactar un libro en la que se detalle su aplicación? La experiencia nos dice que sí, que el empeño tiene mucho sentido. Pues nada resulta más práctico que la sencillez explicada sencillamente aunque, por paradójico que pudiera parecer, a veces no es fácil describir lo simple. Técnica o arte, simpleza o dificultad, el hecho es que en la producción de tratados prácticos sobre cuestiones organizativas destaca el mundo anglosajón, y en especial la escuela estadounidense, por su notable producción de trabajos espléndidos en este dominio.

Trabajo, divulgación y estudio

El libro se ha elaborado, en primer lugar, para facilitar el trabajo de las personas que deseen actuar como asesores en estas lides, figura que glosamos en el siguiente párrafo. Y este libro puede considerarse, también, como instrumento de divulgación para la ciudadanía en general, ahora que la crisis, como única secuela feliz, ha promovido un creciente interés de los ciudadanos por la política. Una tercera posible aplicación de este libro es como material de enseñanza y estudio por parte de las iniciativas universitarias especializadas en estos asuntos[39].

Servicios profesionales

En el sector de la prestación de servicios profesionales a organizaciones, asociaciones, empresas, entidades, etcétera de todo tipo y condición trabajan expertos que, como es sabido, responden a etiquetas aparentemente equivalentes: asesor, consultor, *coach*, mentor. Cada una de ellas cuenta con sus respectivas leyendas de todos los colores, a favor y en contra. En el caso que nos ocupa aquí, hablamos del asesor o asesora SIC, el profesional externo que ayuda al político a identificar posibles mejoras en los procesos de su organización, en función de los objetivos estratégicos que persiga el partido[40].

América y Europa

Este libro está inspirado en las aportaciones de expertos de reconocido prestigio en dos campos concretos de la administración de empresas, a saber, el análisis de las necesidades de información de las máximas autoridades ejecutivas y la mejora de la calidad de procesos. Nos referimos, respectivamente, a John F. Rockart[41], del Instituto Tecnológico de Massachusetts, y a Maurice Hardaker[42], consultor de IBM.

Es precisamente la filial española de esta multinacional la que produjo, en las décadas de los 80 y 90 del siglo pasado importantes aportaciones en este tipo de técnicas para la mejora y el análisis sistémico de organizaciones humanas[43,44]. Aportaciones que fueron posibles por haber actuado siempre dentro del camino de ida y vuelta que une, más que separa, la teoría y la práctica. Y por haberlo recorrido con organismos y empresas del sector público: ayuntamientos, consejerías y gobiernos autonómicos, ministerios de la administración general del Estado y, también, empresas denominadas de 'servicio público' en tanto que son entidades públicas empresariales adscritas a ministerios, etcétera. Un camino en el que también trabajamos con entidades y empresas del sector privado: sociedades anónimas y cooperativas de los más diversos tamaños, geografías y sectores, incluido el así llamado 'tercer sector' o sector no lucrativo, en cualesquiera de sus modalidades y objetos fundacionales, desde la asistencia social a la cultura, pasando por la educación o el desarrollo comunitario.

Este es, en breve, el crisol donde se forjaron métodos de trabajo, simples y poderosos, como el que hoy proponemos aplicar a un tipo muy particular de empresa que requiere la decisión y el esfuerzo de mujeres y hombres: las formaciones políticas de viejo y nuevo cuño[45].

El iceberg

En los capítulos cuarto y quinto de la Segunda Parte se describen los aspectos formales, visibles, 'duros', o como quiera llamárseles, que intervienen en una actuación SIC. La atención con que se han tratado estos aspectos es superior a la prestada a los que componen la parte sumergida del iceberg, es decir, a los aspectos espontáneos, ocultos o 'blandos'. Estos resultan ser tan determinantes como los primeros, si no más, por lo que, entre otras razones, el mero hecho de disponer de este libro no garantiza el éxito de la operación.

Cabe recordar que, en este contexto, entendemos por "aspectos formales" la secuencia de pasos que hay que dar para preparar y realizar una actuación SIC. Procedimientos que son sencillos y están impregnados de sentido común. Mientras que por "aspectos espontáneos" entendemos asuntos tales como las cualidades humanas del asesor, su carácter, su destreza en la formación y conducción de grupos de discusión, las relaciones interpersonales, inveteradas o coyunturales, que existan entre los miembros de los equipos de trabajo, etcétera.

Deseamos que la distinta extensión con que, en esta primera edición del libro, hemos tratado unos y otros aspectos no impida al lector apreciar el bosque en su conjunto: Lo urgente y necesario que resulta la adopción de estos métodos por parte de los partidos políticos, en particular, y en general, por cuantas instituciones y órganos de Estado sostienen el funcionamiento de las sociedades democráticas.

Notas

39. Entre las que destacamos, por su calidad y carácter pionero, dentro y fuera de España, el Máster en Comunicación, Cultura y Ciudadanía Digitales de la Universidad Rey Juan Carlos de Madrid, operando en las instalaciones de Medialab-Prado del Ayuntamiento de Madrid.
40. En el editorial "Diálogo sobre calidad democrática", *Blog de la Asociación por la Calidad y Cultura Democráticas*, 3 abril 2014, se reproduce el diálogo que mantienen ambos, político y asesor, sobre calidad y partidos políticos.
41. Rockart, John F., "Chief Executives Define Their Own Data Needs". *Harvard Business Review*. Marzo, 1979.
42. Hardaker, Maurice y Ward, Brian K., "How to Make a Team Work". *Harvard Business Review*. Noviembre, 1987.
43. Fernández Calvo, Rafael, "Programa de Ayudas a la Planificación Estratégica. Consultoría de Factores Críticos de Éxito / Procesos. Guía para el Consultor", Versión 3.1, *IBM*, Madrid, Julio, 1992.
44. Los fines que se persiguen desde entonces con el empleo de estos métodos, y el contexto en que se empleaban y se siguen empleando, nada tienen que ver con el escenario y el propósito que aquí nos ocupan. Esto no debe preocuparnos. Pues no son pocos los avances que se han conseguido en unos campos gracias a los desarrollados en otros.
45. Resulta inevitable imaginar el rechazo que estos enfoques, estas citas, estas fuentes, estos términos, estas experiencias pueden provocar en el seno de la familia política. Una vez más, y nunca será suficiente, diremos que no parece beneficioso para nadie –con independencia de su color político y al margen de la experiencia que tenga acreditada, centenaria o quincemayista– perseverar en semejante actitud de recelo e intransigencia. Como necio sería no aceptar conocimientos propios de las ciencia políticas en el campo de la administración de empresas.

SEGUNDA PARTE.
MÉTODO DE TRABAJO

Capítulo cuarto

Fase de preparación.
Conversaciones preliminares entre
el partido y la asesoría SIC

Antes de ponerse en camino de su primera cita con el interlocutor de un partido político, el asesor –o, entiéndase, la asesora– deberá asegurarse de que conoce en detalle cuatro cosas, a saber:

1. Las barreras de entrada que presumiblemente habrá de superar desde el mismo comienzo de la reunión

2. Cuáles son las creencias y cuáles los conocimientos que deberá llevar consigo a la cita

3. Cómo desenvolverse en la cita, y qué argumentos desplegar

4. Qué asuntos deben quedar palmariamente claros antes de dar por acabada la fase de preparación

Los puntos 1 y 2 de esta agenda están cambiando muy rápidamente en estos momentos, cuando somos las asesorías quienes estamos llamando a las puertas de los partidos; el tercero también, pero menos, mientras que el cuarto y último permanecerá durante mucho tiempo tal como hoy lo conocemos[46].

1. Cinco barreras de entrada

Estas son las barreras más comunes entre las identificadas hasta el momento. Cinco barreras que, estando relacionadas entre sí, son diferentes:

Zona de confort

Se trata del abismo que separa la tendencia a oír del esfuerzo que supone escuchar. Cuando expresiones como, por ejemplo, 'indicadores de calidad' atraviesan la sala, o aparecen en el texto de un correo electrónico, el destinatario reacciona frecuentemente traduciendo lo que acaba de oír o leer a esquemas que le son familiares, aunque no se correspondan con lo expuesto. Y, así, piensa para sus adentros cosas como la siguiente: 'me están pidiendo que me ajuste a unos estándares que alguien ha diseñado; que me ajuste a su modelo ideal de funcionamiento de los partidos'. El hábito que demuestran nuestros interlocutores de filtrar a través de su zona de confort intelectual lo que oyen, pero no escuchan, es uno de los más poderos antídotos de cuantos utilizan los partidos políticos para contrarrestar la invitación que les hacemos a que indaguen nuevas posibilidades[47].

En la Tabla 1 se comparan ambos puntos de vista, el de quien expone el método SIC y el del destinatario de la exposición:

Tabla 1. Zona de confort

RECEPTOR Esta columna representa el aspecto que tiene la "zona de confort" de quien oye hablar por primera vez de SIC	EMISOR En esta columna se enumeran los mensajes inmanentes a SIC, tal como los formula el asesor ante su interlocutor en el partido
Estándares a cumplir	Objetivos de mejora que uno se marca
Los estándares vienen dados	Los estándares se buscan
Se trata de alcanzar un 'ideal'	Lo importante es el 'proceso' de mejora
Se llega a la meta	Se cubren etapas
El futuro se diseña	El futuro se construye
Autoridad externa al partido	Iniciativa interna
Pasado transparente	Compromiso con el futuro
Son unos expertos o un comité quienes marcan los estándares	Equipos de miembros del partido, afiliados, simpatizantes, ciudadanos

Pensar por cuenta ajena

La socorrida expresión "como hacen los países más avanzados (o las economías, o los partidos) de nuestro entorno", utilizada como la principal, cuando no la única, argumentación en favor de una determinada propuesta se ha convertido en una irritante coletilla de políticos y empresarios. Irritante y frecuente. Hasta tal punto que, en ocasiones, parece como si fuéramos una sociedad que actuara de prestado o, permítasenos la figura, como si pensáramos 'por cuenta ajena'[48]. El hecho es que todo sucede como si, entre nosotros, nadie se atreviera a hacer nada que no haya estado previamente probado con éxito en otra parte. Frente a esta postura, el asesor puede argüir que el manido eslogan de los dirigentes políticos (necesitamos soluciones audaces) corre el riesgo de ser interpretado por los ciudadanos como una propuesta vacía o, si se prefiere, demagógica.

Debates dominantes

Estamos hablando de la necesidad de mejorar la competencia, pericia y aptitud de los partidos políticos para tomar decisiones, dirigir equipos humanos, analizar situaciones complejas, establecer metas y objetivos, así como para planificar, poner en marcha y efectuar el debido seguimiento de las tareas a realizar. Unos opinan que todo esto es necesario; otros, lo contrario: que se trata de algo superfluo. En cualquier caso este debate está teniendo lugar a la sombra de otros dominantes, como la forma de Estado, el cambio constitucional, la organización territorial del Estado, etcétera[49]. En este contexto, debatir sobre si es necesario o innecesario emprender la mejora continua del funcionamiento de los partidos se considera como algo exótico o fuera de lugar y tiempo. Esta línea de defensa reclama, por parte del asesor, una clara y tajante llamada a discernir entre lo importante y lo urgente.

Estas tres primeras barreras de entrada son reacciones frecuentes con las que nuestros interlocutores se defienden del atávico miedo a cambiar, de la perturbación angustiosa que les produce lo desconocido y del temor o recelo a desmarcarse y ser diferente. Tal es la defensa numantina contra la que tendrá que emplearse a fondo el asesor SIC.

Y por si lo anterior fuera poco, la querencia a comportarse como los demás, –bien sea por seguir la moda, bien por temor a pensar por sí mismo–, suele verse acompañada por otras dos barreras que, en cierto modo, apuntan en sentido contrario. Ya no es miedo a actuar con criterio propio, sino todo lo contrario: es defender, muchas veces de forma irracional, lo propio. El asesor deberá permanecer atento y superar estos dos nuevos impedimentos.

Somos diferentes

Nos referimos al supuesto hecho diferencial de las formaciones políticas[50] como argumento para rechazar una invitación SIC. Recurrir a la socorrida singularidad de los partidos políticos es una cuarta barrera que, en cualquier caso, descansa sobre bases endebles. Pues las formaciones políticas son, al fin y al cabo, organizaciones compuestas por personas que comparten valores y objetivos comunes, y en las que, como en cualquier otro tipo de organización humana, hay problemas y disgustos. En otras palabras: en todas partes cuecen habas[51], si se nos permite la proverbial frase de raíz cervantina.

La pretendida unicidad de los partidos políticos, en tanto que organización humana, no debe entenderse de otra forma que como una defensa cerril de los intereses creados que pululan por los pasillos del partido intentando enmascarar —sin tener porqué— las legítimas aspiraciones de poder que mueven a sus líderes.

Fervor endogámico

Por último, y tan pertinaz como las anteriores cuatro barreras, citamos un hecho ampliamente constatado y ya advertido repetidas veces en la Primera Parte: la tendencia en política, por parte de los teóricos, así como de las mujeres y los hombres de acción, a adoptar una postura defensiva, más o menos cerrada, frente a todo lo que provenga del mundo de la administración de empresas.

Con el fin de ilustrar este conocido acto reflejo, reproducimos en las Notas al final de este capítulo un extracto del debate mantenido con motivo de la publicación de un artículo[52] en el que se explica, de forma breve y brillante, la conocida y antiquísima tensión existente entre la aspiración a participar de los ciudadanos y la necesidad de organizarse de los partidos. El asesor SIC puede tener la total seguridad de que nunca será demasiada la insistencia con que pregone la importancia de acabar con semejante fervor endogámico, para bien de unos y otros.

Con estas cinco barreras[53] los partidos políticos –de antigua y reciente creación– se defienden de lo que consideran injerencias externas por parte de la ciudadanía. Una ciudadanía que busca modernizar las organizaciones y, al mismo tiempo, instrumentar nuevos cauces de participación. Los asesores SIC deben conocer, pero no temer, este tipo de barreras suicidas; porque todas son franqueables. Y deben, también, aprender a identificar cuantas nuevas barreras vayan encontrando.

En cualquier caso, estos comportamientos –resultado de prejuicios y escaso conocimiento– están cambiando. Y lo hacen en un contexto propicio: tras las elecciones europeas 2014, de resultados llamativos, y el horizonte de nuevas convocatorias: municipales, autonómicas (anticipadas o no) y generales. Creemos que, a no mucho tardar, el asesor SIC tendrá que habérselas con otros retos diferentes de los cinco aquí recogidos, una vez estos se hayan visto atemperados, bien sea por el espíritu de supervivencia de las organizaciones políticas tradicionales o por la necesidad de consolidación de las emergentes[54]. O por ambas fuerzas a un tiempo.

2. Creencias y Conocimientos

Para superar las barreras con que se protegen los partidos, el asesor debe acudir a la cita (a) firmemente convencido de una serie de ideas organizativas, que consideramos básicas, y (b) conociendo en profundidad tanto el método SIC como los beneficios que puede proporcionar al partido. Ello requiere soltura en el manejo de categorías propias de la administración de empresas y la ciencia política. Convicciones firmes y conocimientos sólidos: esta es, según nuestra experiencia, la mejor de las fórmulas posibles.

Aumentar el rigor con que se adoptan decisiones, se analizan situaciones complejas o se determinan objetivos estratégicos, son retos que deben afrontarse fuera del campo ideológico. Por eso, para proponer –así como, llegado el caso, para conducir– sesiones SIC es imprescindible que el asesor cuelgue sus convicciones ideológicas en el perchero del recibidor, entre en la sala de trabajo tan convencido como lo estaba el presidente Clinton de ganar en 1992 y, parafraseando su famoso eslogan, diga, alto y fuerte: "Es la organización, estúpido".

Asesoras y asesores deben irradiar esta convicción transideológica 'y' democrática en todo momento[55]. De tal forma, que ante la siguiente batería de afirmaciones[56], no duden en mostrar, una y otra vez, su desacuerdo:

- La actual situación de indignación ciudadana es achacable, sobre todo, a una ideología concreta (los de derechas señalarán a las izquierdas y viceversa)

- Los resultados electorales de un partido nunca, ni en ningún grado, están influenciados por lo competentes que demuestren ser como organización humana

- La horizontalidad y el espíritu asambleario de los movimientos ciudadanos deben extenderse, como únicos procedimientos posibles para la toma de decisiones, al interior de los partidos políticos

- Las nuevas jerarquías internas ya dan cuenta y solución a los retos presentes de legitimidad

- Los avances en tecnologías de información y comunicación eliminan la vigencia y necesidad de las estructuras jerárquicas de los partidos políticos

- Las formaciones políticas emergentes pueden prosperar y consolidarse sin reformular y ensayar cuestiones organizativas básicas; lo determinante es su ideología

- La falta de credibilidad de los partidos políticos al uso es ajena a la ineficiencia de sus procesos organizativos

- El desarrollo de las asambleas ciudadanas y la operativa interna de los partidos deben regirse por el mismo tipo de procedimientos

- La confianza que inspiran los partidos políticos a los ciudadanos depende más de sus propuestas y programas electorales que de su solvencia como organización

- Los problemas organizativos de los partidos políticos pendientes de resolver se reducen a cuestiones concretas: primarias, sí o no; listas, cerradas o abiertas, etcétera

• La democracia debe ser cada vez más sencilla –en el sentido de reducción e incluso eliminación de instancias de canalización y representación– porque, como se demuestra empíricamente, los ciudadanos desean realmente implicarse, participar directamente en la política y tomar la gobernación en sus manos

El asesor debe, en suma, acudir a la cita convencido de que la cuestión organizativa (tal como aquí la interpretamos y desarrollamos) tiene, sin duda de ningún género, un lugar bajo el sol de la política. De no ser así, puede acabar abducido por el apasionado discurso ideológico de sus interlocutores en el partido. En tales circunstancias, el asesor no podrá llevar a cabo el trabajo que se espera de él.

Como anticipábamos, además de convicciones firmes, son igualmente necesarios conocimientos sólidos. En relación a estos últimos, creemos oportuno destacar las siguientes dos cuestiones:

• Sobre el método SIC propiamente dicho: ¿Qué conocimientos debe demostrar el asesor en su primera cita con el partido? El asesor ¿domina el método o, por el contrario, es dominado por él? Durante las entrevistas preliminares, el momento crítico suele ser la exposición oral de las principales fases de que consta el método. Es entonces cuando se apreciará con mayor claridad si quien está en el uso de la palabra es dueño o esclavo de la herramienta que propone.

• Sobre el terreno de juego: Ciencias de administración y gestión, y ciencias sociales y políticas son dos conjuntos de conocimientos que no deben considerarse adversarios en una competición que carece de sentido. Antes al contrario, estas dos categorías de disciplinas delimitan el terreno donde va a desarrollarse el juego. Organización, jerarquía, toma de decisiones, acción coordinada y burocracia, son ejes propios de las ciencias de la administración y gestión. La participación, la horizontalidad, el asamblearismo, la acción colectiva y la democracia lo son de las ciencias sociales y políticas. Los debates más actuales y necesarios abordan las relaciones entre uno y otro campo.

El asesor debe acudir a la cita con el partido seguro de sí mismo, arropado por sus conocimientos y creencias, de forma que se encuentre cómodo conversando sobre asuntos como, por ejemplo, estos:

- "El pueblo en asamblea siempre decidirá mal, si es que puede llamarse decisión y no aclamación a lo que hace, aunque sólo sea por una razón pragmática: porque, como decía Tucídides a sus ciudadanos, si los que deciden no son los que tienen que llevar a cabo las decisiones, decidirán sin responsabilidad"[57].

- "Si el primer subproceso de las decisiones políticas es el de la toma de datos sobre lo que desea y necesita la ciudadanía, y el segundo es el de la transformación de la voz del pueblo en acción política, si esto es así, ¿se retrocederían siglos o, por el contrario, se inauguraría una nueva era democrática en caso de que los partidos gobernaran el segundo subproceso con la misma lógica que se desarrolla el primero?"[58].

La cita, hoy por hoy, podemos decir sin temor a equivocarnos, habrá sido solicitada por el propio asesor. Dentro de un tiempo, estamos seguros, serán las organizaciones políticas quienes tomen la iniciativa. De momento, de acuerdo con nuestra experiencia, la cita necesitará un guión de este tipo.

3. La cita y el guión

¿Cómo surge la idea de reunirse para hablar de estos asuntos?, ¿cuántos encuentros o citas preparatorias debe mantener el asesor SIC con el partido?, ¿con quién o quiénes debe reunirse?, ¿debe entregar a su interlocutor alguna documentación?, ¿cuándo puede considerar por acabada esta fase preparatoria? Y, sobre todo, ¿qué guión básico debe seguir el asesor? Estos son los aspectos sobre los que debe estar informado y formado todo asesor. Y debe estarlo antes de su primera cita con el interlocutor de un partido político. A continuación respondemos a estas preguntas con el respaldo de la mencionada experiencia y, por tanto, en un tono marcadamente pragmático.

Por compromiso o amistad con una tercera persona; en el debate tras una mesa redonda; a raíz de una consulta por correo electrónico sobre un artículo, noticia, hecho o circunstancia; con motivo de alguna invitación a colaborar en un determinado blog, etcétera. De este tenor –rara vez como consecuencia de una 'llamada fría'– son los escenarios que suelen facilitar una primera cita.

Supongamos que en esta primera cita se despierta el interés y que de forma natural, no forzada, se acuerda un segundo encuentro para entrar en más detalles. Ni una única cita es lo frecuente, ni más de dos o tres citas sin haber llegado a un acuerdo sobre la celebración, o no, de una actuación SIC tiene sentido.

Puede ocurrir que el asesor esté llevando a cabo estas primeras conversaciones con una persona del partido que tenga la capacidad de decisión necesaria y suficiente como para, sin consultar con ningún otro miembro del partido, seguir adelante con las conversaciones y, a la postre, promover en su ámbito de responsabilidad la realización de una sesión SIC. O puede suceder lo contrario, es decir, que esta persona considere interesante proseguir la vía de actuación que le está abriendo el asesor, pero carezca de la capacidad de decisión para aprobarlo definitivamente. En este caso, el anfitrión puede facilitar que el asesor y un nuevo interlocutor, con mayor capacidad de decisión que él, se den cita para continuar las conversaciones.

En cualquiera de los dos supuestos, debe constatarse la total correspondencia entre, por una parte, las atribuciones de la persona con la que el asesor está llevando las negociaciones y, por otra, la amplitud y naturaleza de la operación que, de momento, esbozan entre ambos. Cuando esta correspondencia es cierta y plena, entonces, y solo entonces, podemos considerar al interlocutor –y así referirnos a él– como el 'patrocinador' o la 'patrocinadora' de la idea dentro del ámbito (funcional, jerárquico o geográfico) del partido en el que se está estudiando llevar a cabo una actuación SIC. Huelga decir que si no se diera esta correspondencia, las posibilidades de sacar adelante la iniciativa serían nulas.

Hemos hablado de 'la naturaleza' de la operación. Con ello queremos indicar que puede tratarse de una operación real o de un mero ensayo o simulacro. Empezar por un simulacro es evidentemente atractivo, porque, como toda operación a pequeña escala, exige asignar pocos recursos y trabajar con un nivel asumible de riesgo. Siendo esto así, debe evitarse la tentación de organizar un ensayo insolvente o, dicho en otros términos, sin las condiciones mínimas requeridas para que el simulacro sea, en efecto, una maqueta a escala –y no deformada– de la que puedan extraerse consecuencias realistas, una vez construida y minuciosamente documentada. Lo dicho hasta aquí, así como lo que queda por decir, es válido tanto se trate de una actuación SIC real o, entiéndasenos bien, simulada.

Entregar al interlocutor, y posible patrocinador de una primera actuación SIC, un documento informativo en el que, de forma sencilla, se explique el método de trabajo es una práctica muy recomendable. En el mundo de la prestación de servicios, en el que como decíamos en la Primera Parte, "la herramienta de trabajo es la palabra, el proceso es dialéctico y el resultado inmediato no es tangible como pueda serlo un producto físico", estos documentos concisos, claros, sugestivos, ayudan mucho a fijar ideas e imaginar resultados.

Y en cuanto al guión a seguir, es tan simple, esquemático y potente como el que exponemos a continuación según el orden que el sentido común aconseja seguir:

A) Porqué

El asesor de la Asociación por la Calidad y Cultura Democráticas y su interlocutor en el partido político tienen en esta voz coloquial, "porqué", la ocasión idónea para departir sobre las causas, razones o motivos que les han llevado a interesarse por este tipo de cuestiones. Asuntos todos ellos relacionados, en mayor o menor medida, con la necesidad de mejorar la calidad de la acción política. Esta es una buena forma de 'romper el hielo'. Es el tiempo de construir un contexto propicio, donde la palabra, el lenguaje del cuerpo y las emociones se adueñan del escenario. Situados en esta atmósfera creada por ambos, partido político y Asociación pueden empezar a imaginar posibilidades o, por el contrario, a intuir de forma amable que no existen puntos de encuentro. El asesor tiene en la Primera Parte una gama de temas lo suficientemente amplia como para, haciéndola suya, poder desenvolverse con soltura durante este primer tramo de la cita.

B) Qué

No importando cómo asesor y posible patrocinador llegaran a conocerse, tan pronto como se haga evidente que ambos comparten intereses, sin dejar pasar un instante más, el asesor o asesora debe decir con claridad a su interlocutor "qué" es lo que le ha llevado hasta su presencia, esto es: ofrecerle sus servicios en materia de regeneración de la actividad política, para lo que dispone de métodos de trabajo ampliamente contrastados en la práctica. Cuando el interlocutor manifiesta un deseo incumplido ("me gustaría que… la participación de los jóvenes en los debates internos fueran…") o bien, una queja más o menos agria sobre alguna situación concreta ("tenemos que hacer algo…estamos cansados de…la torpeza con que comunicamos…"), son momentos idóneos para que el asesor se ofrezca abiertamente a ayudarle, porque sabe cómo hacerlo y tiene métodos para ello.

C) Para qué

En este obligado tercer punto del guión, el asesor debe evitar una práctica tan común como inapropiada: hablar en primera persona, es decir, referirse a los medios y fines que le mueven a él y a su organización en el ejercicio de su profesión. En concreto, en este momento del encuentro, la EFM (Estructura de Fines y Medios) de la Asociación por la Calidad y Cultura Democráticas es irrelevante, pues de lo que se trata es de convencer al interlocutor de todo lo bueno que puede reportar al partido político la utilización inteligente de la iniciativa SIC promovida por la Asociación. Una forma de presentar la gama de beneficios que se encuentran al alcance de sus manos es utilizar el esquema introducido en la Primera Parte, lo que le permitirá al asesor exponer con claridad y convencimiento:

- Los **beneficios** que el partido obtendrá de su entorno: una mayor aceptación de la ciudadanía, hoy indignada y, consecuente y previsiblemente, mejores expectativas electorales[59].

- Los **beneficios** que el partido recogerá para sí mismo: pues toda mejora en la cultura organizativa redunda, sin duda de ningún género, en una mayor cohesión interna (lo que facilita la solución de conflictos) al mismo tiempo que aumenta las posibilidades de interpretación y adaptación al entorno[60].

- Los **beneficios** que el partido proporcionará a la sociedad: si muestra su agenda de mejora continua, sus avances y logros, el partido ayudará al fortalecimiento de la democracia y del clima de ejemplaridad pública.

La mentalidad y la práctica SIC –debe remachar en este momento el asesor– están orientadas hacia este amplio y ambicioso abanico de beneficios.

D) Cómo

Es el momento, claro está, de detallar qué es y qué no es el método SIC; es también el tiempo de subrayar para qué sirve y para qué no sirve y, por supuesto, es asimismo la ocasión de esbozar las fases de que consta una operación de este tipo:

- SIC sirve –habrá de decir el asesor– para *analizar* asuntos complejos, no para *resolver* problemas. El partido empezará a resolverlos no durante la jornada SIC, sino una vez se dé ésta por concluida, es decir, al día siguiente, de vuelta ya cada cual en su lugar de trabajo.

- SIC –añadirá el asesor– es una poderosísima herramienta de análisis y planificación, pero no para ser utilizada a diario, sino para valerse de ella como método y estilo de gestión de organizaciones humanas complejas, como sin duda lo son los partidos políticos.

- Porque SIC –concluirá el asesor– "apela a la razón, a la lógica, al conocimiento sistemático y a un orden de valores transideológico y claramente democrático". Pues no en vano enseña a combinar:

    – La dinámica asamblearia que se precisa para la identificación de las influencias dominantes

    – La capacidad de debatir, consensuar y, en su caso, votar que se requiere para acordar los objetivos a los que el partido no puede renunciar

    – La responsabilidad de quienes deben ejecutar o llevar a la práctica las acciones que se identifiquen como determinantes

    – El compromiso que significa hacer públicos, tanto de puertas para adentro como de cara a la sociedad, los indicadores y las agendas de mejora continua de la calidad en que se traducen las operaciones SIC

Dinámica asamblearia, capacidad de debate y consenso, responsabilidad ejecutiva, y compromiso público son ejes que se corresponden, uno a uno, con los cuatro módulos en que está estructurado el método de trabajo SIC, a saber:

- Identificación de las influencias dominantes que pueden favorecer o poner en peligro la consecución de la temática que es objeto de una actuación SIC

- Selección de los factores críticos de éxito que han de alcanzarse

- Enumeración de las tareas que deben realizarse para lograr las metas propuestas en los plazos convenidos, con la consiguiente asignación de responsabilidades y planes de seguimiento y control.

- Diseño e implantación del sistema de indicadores de calidad, tanto internos como externos, que permita de forma visual, transparente, permanente, mediática e inmediata saber en qué estado se encuentra el partido político en su proceso por ser una institución digna de la confianza de los ciudadanos con y para los que trabaja.

Explicados, debatidos, aclarados, desmenuzados todos estos aspectos aquí reseñados ¿cuándo, en fin, puede considerarse acabada la fase preparatoria? Esta es la cuestión que abordamos en el siguiente apartado, cuarto y último antes de ofrecer la exposición detallada de cómo se lleva a cabo una operación SIC.

4. Condiciones para un acuerdo

Para completar la fase preparatoria de una actuación SIC han podio necesitarse dos citas, o sólo una, o tres… Con independencia de cuántas hayan sido, la experiencia dicta como regla de oro que esta fase no deberá darse por acabada hasta que ambas partes, partido y asesoría, alcancen un acuerdo inequívoco en todos y cada uno de los siguientes cuatro asuntos:

- El objetivo: la meta o misión que el partido[61] se propone lograr y en qué plazo quiere conseguirlo

- Los participantes: quiénes intervendrán en la actuación SIC, en calidad de qué y con qué cometidos

- Los aspectos logísticos básicos: la forma de convocatoria, el lugar y fecha de celebración, los términos y condiciones de participación y la agenda de trabajo

- La fecha límite: antes de qué día el asesor se compromete hacer llegar al partido la oferta formal del servicio, detallando los contenidos de los tres anteriores puntos

A) Meta

Se trata de inaugurar –o, de momento, probar– una nueva forma de trabajar que no arrambla con los hábitos, usos y costumbres sedimentados por el tiempo. Viene a enriquecerlos y modernizarlos.

Y todo comienza por la elección de una meta. Requisito imprescindible. Dicho de forma aún más tajante, si cabe: Operación SIC es sinónimo de meta a alcanzar. El asesor puede cometer muchos fallos, todos menos este: aceptar que avance una actuación SIC bajo su conducción sin que la meta esté inequívocamente clara para todos los que han sido convocados[62].

La meta tiene, a su vez, que cumplir tres requisitos para que el asesor pueda aceptarla como válida:

- Estar expresada con una frase breve y clara, de forma tal que los participantes, todos ellos sin excepción, puedan interpretarla de igual manera

- Entendida de igual manera por todos, tiene que ser, además, relevante para la organización del partido amén de específica, alcanzable y medible

- Estar unida a un plazo, dentro del cual el partido quiere alcanzarla[63]

B) Participantes

El equipo de trabajo sobre el que recae la responsabilidad de realizar la actuación SIC está compuesto por:

- Personas pertenecientes a la estructura del partido y, en su caso, otras relacionadas con él[64], todas ellas elegidas por el patrocinador, y

- Personas nominadas a tal efecto por la Asociación por la Calidad y Cultura Democráticas.

En cuanto a los miembros del partido[65], los aspectos más destacables entre los que el asesor debe transmitir al patrocinador son los siguientes:

- Número: No superar la decena, incluido el patrocinador. La experiencia aconseja moverse en el entorno de 6.

- Perfil: Elegir mujeres u hombres no por su cargo dentro del partido sino por los conocimientos que posean sobre la meta que van a analizar. Les habilita su talento, sus habilidades y capacidad para trabajar en equipo. Nunca su puesto o situación jerárquica.

- La idea de acudir "en representación de" debe quedar desterrada. Una actuación SIC no es una reunión de coordinación entre diferentes órganos del partido. Es una reunión de personas con capacidad de análisis y síntesis, dotes intelectuales, conocimientos, y habilidades para trabajar en equipo.

- Jerarquía: Debe dejarse colgada en el perchero, antes de entrar en la sala de trabajo, aunque entre las personas seleccionadas existan relaciones de dependencia en la organización del partido. En caso de que así sucediera, el asesor debe impedir cualquier forma de hacer valer las relaciones jerárquicas entre los miembros del equipo durante los debates. Incluso si, como sucede con frecuencia, el patrocinador es la máxima autoridad, en el día a día del partido, de parte o de todos los miembros elegidos por él. Dentro de la sala de trabajo SIC, el patrocinador no es jefe de nadie; es un miembro del equipo con ideas, talento, sentido común y dotes para trabajar en equipo como todos los demás. Nunca, bajo ninguna circunstancia, debe aceptar el asesor que esta norma sea transgredida.

Y en cuanto a la Asociación por la Calidad y Cultura Democráticas, ésta asignará dos personas: el asesor y un ayudante o asesor adjunto. Éste es el encargado de tomar nota de cuanto acontece durante las sesiones de trabajo. Su cuaderno de campo es pieza imprescindible para la redacción de informe confidencial que la Asociación habrá de remitir a la atención del patrocinador, dentro del plazo acordado a tal efecto. Por otra parte, la figura del ayudante permite al asesor principal despreocuparse, durante el desarrollo de las sesiones, de un buen número de asuntos logísticos y, así, centrarse en la conducción de los trabajos que, como veremos, difieren notablemente de una fase del estudio a otra.

C) Logística

No existe una norma estándar sobre cómo anunciar la celebración de unas jornadas de trabajo SIC (estilo, tono, si convocar individual o colectivamente, etcétera), ni sobre los cauces por los que ha de hacerse (en conversaciones vis à vis, en grupo, por correo electrónico, etcétera), pues ello está en función de los usos y costumbres de cada partido político en materia de comunicación interna. Ahora bien, una vez aprobada por el patrocinador la celebración de una operación SIC, el asesor habrá de asegurarse de que la convocatoria es eficaz en tiempo y contenido, siendo la forma, como decimos, de exclusiva incumbencia del patrocinador.

D) Fecha límite para envío de la propuesta

Por último, mas no por ello menos importante, el asesor debe pedir al patrocinador de la actuación SIC una fecha límite para el envío de la propuesta formal que habrá de hacerle llegar la Asociación por la Calidad y Cultura Democráticas.

Aceptado este plazo, y habiéndose asegurado ambas partes de que existe pleno acuerdo en todos y cada uno de los extremos hasta aquí apuntados, y solo entonces, puede darse por concluida la fase preparatoria.

Notas

46. La versión original de este libro ha sido elaborada a lo largo del año 2014 y primeros meses de 2015. Esperamos que la versión original merezca, desde su aparición, mejoras metodológicas como resultado de sucesivas experiencias **SIC** en el ámbito político. Pues, como es sabido, pedir una cita a alguien no es lo mismo que recibir una petición de alguien que está interesado en conocerte. Hasta la fecha, nuestra experiencia directa se reduce a encuentros ocasionales mantenidos, la mayor parte de ellos a petición nuestra, con líderes y colaboradores de las siguientes organizaciones: Partido Popular, Partido Socialista Obrero Español, EQUO, Vecinos por Torrelodones, VOX, Casa Real, Congreso de los Diputados e Izquierda Unida.

47. Esta primera barrera acaso sea, entre todas las identificadas, la más sutil. Una sólida formación en *coaching* ayudará sin duda al asesor a manejarse con propiedad en este escenario tan frecuente.

48. Esta segunda barrera no debe confundirse con la investigación bibliográfica que, en el mundo académico, debe apoyar siempre cualquier propuesta conceptual. Esta interesante dualidad pudo observarse en la intervención de Javier de la Cueva durante la defensa del Trabajo Fin de Master "Evaluación de la participación interna en partidos políticos: Sistema de Indicadores de Calidad democrática", Roa, Sofía de, *op. cit.*

49. Editorial, "Debates visibles; debate oculto", *Blog de la Asociación por la Calidad y Cultura Democráticas*, 11 junio 2014.

50. "Debéis tener en cuenta que un partido político es otra cosa. Los partidos son estructuras muy conservadoras, y, con la descentralización que supuso el Estado de las Autonomías, en la práctica se encuentran manejados por las baronías territoriales. No nos engañemos, los partidos están compuestos por pequeños y poderosos reinos de taifas", nos decía recientemente un miembro de un comité regional del Partido Socialista Obrero Español. Y para un diputado de UPyD en el Congreso, "un partido no es una empresa; quien piense que sí se equivoca. Porque eso de que un partido es una organización de personas que comparten valores y fines es una generalidad" (sic).

51. En el editorial "El diálogo continua", *Blog de la Asociación por la Calidad y Cultura Democráticas*, 5 abril 2014, puede leerse la siguiente argumentación, reconstruida a partir de dos conversaciones diferentes: una la mantuvimos con un diputado a Cortes por parte del partido actualmente en el Gobierno, mientras que la segunda lo fue con un asiduo colaborador del principal partido de la Oposición: "¿Sabes?, el mundo político es muy especial, y quienes lo habitamos… no sé, los egos personales lo invaden todo…te imaginas… Además, qué quieres que te diga, los partidos políticos actúan, en la práctica, …como oficinas de colocación. Ya sabes: las cloacas, [las puertas giratorias y eso...] Sí, temo que propuestas del estilo de la vuestra crearían situaciones incómodas, explosivas incluso, de todo tipo".

52. Jaime-Castillo, Antonio M. y Coller, Xavier, "La prueba del algodón de Podemos", *El País*, 8 julio 2014. El debate se mantuvo vía correo electrónico entre un participante en un Círculo Podemos (CP), al otro lado del Atlántico, y el autor (AU) de este libro, ubicado en Madrid.
    - CP: *"Llamar a los cabezas visibles de Podemos "empresarios políticos" es, supongo, una provocación de baja intensidad, que tiene su gracia, no lo niego"*
    - AU: *"Lo de 'empresarios políticos' no lo entendemos como una provocación, ni de alta ni de baja intensidad, sino como un ingenioso guiño contra la endogamia epistemológica de cualquier signo: ¡cuánto ganaría la administración de empresas incorporando categorías de las ciencias políticas y (en mayor medida, si cabe) al contrario!"*

53. Durante la elaboración de este libro hemos tenido conocimiento de otra modalidad de defensa, que bien podríamos bautizar así: 'Los estatutos como escudo'. Según un diputado de UPyD, "los objetivos que propone la Asociación por la Calidad y Cultura Democráticas ya están claramente definidos en nuestros Estatutos ["Ponencia de Organización y Estatutos", 2º Congreso, *Unión Progreso y Democracia*, Madrid, 1-3 noviembre 2013] (…) Estas normas de funcionamiento interno, que por supuesto desarrollan nuestros principios y objetivos de organización, se discuten y enmiendan por todos los afiliados, y se aprueban finalmente en el Congreso del partido (…) No se pueden modificar de otra manera (…) En resumen, no existe posibilidad alguna de desarrollar vías alternativas, como las que propone esta Asociación (…) porque hacerlo equivaldría a incumplir nuestras obligaciones con los miembros de UPyD, las normas democráticas y nuestros compromisos públicos" (sic). Ante esta respuesta, Víctor Sampedro, se pregunta: "¿Lo llamamos organicismo solipsista? La organización actual es autosuficiente, ella solo dialoga (monologa) y se cuestiona (reafirma) a sí misma".

54. En el caso de los nuevos movimientos políticos (Podemos, en este caso), el argumento es: SIC es "prematuro para nosotros porque aún no tenemos organización, por lo que (…) en todo caso, te sugeriría que te incorporases al 'banco de talentos' e hicieses la sugerencia a través de los grupos que están pensando nuevas formas de participación ciudadana". En nuestra opinión se trata de un argumento equivocado, error que hinca sus raíces en lo hasta aquí dicho, sobre todo en la primera de las barreras enunciadas: zona de confort.

55. Es frecuente que el planteamiento SIC sea valorado, desde la óptica de las ciencias políticas, como un programa que apela a la razón, a la lógica, al conocimiento sistemático y a un orden de valores transideológico 'pero' claramente democrático. El asesor debe permanecer atento y reparar en el uso que su interlocutor de turno pueda hacer de este tipo de conjunciones adversativas (pero, mas, aunque, sino) o de locuciones como 'no obstante', 'si bien', 'con todo', etcétera. Así, el asesor podrá sugerir sobre la marcha: "convicción transideológica y democrática" en sustitución de "convicción transideológica pero democrática".

56. Algunos de los artículos de prensa en que nos hemos apoyado para imaginar esta batería de cuestiones son:
    – Hernández, Esteban, "La clase media pobre será la clave del futuro electoral (y de Podemos)". *El Confidencial*, 22 junio 2014.
    – Ruiz Soroa, José María, "Lo advirtió David Hume", *El País*, 23 junio 2014.
    – Vargas-Machuca Ortega, Ramón, "Recuperar la inspiración", *El País*, 7 julio 2014.
    – Estrada, Bruno, "Podemos y nuestro hemisferio cerebral derecho", *eldiario.es, Zona Crítica*, 28 junio 2014.
    – Redacción, "Las izquierdas debaten el camino a seguir tras la elecciones", *Público*, 10 junio 2014.
    – Subirats, Joan, "Elecciones y política", *El País*, 6 julio 2014.

57. Ruiz Soroa, José María, *op. cit.*

58. Elaborado a partir del debate que el autor mantuvo con un miembro de un Círculo Podemos, referido anteriormente.

59. Este tipo de beneficios potenciales es negado por quienes opinan lo siguiente: "La idea que los ciudadanos tienen de un partido no está influenciada por nuestro comportamiento como partido, sino por la imagen que los medios de comunicación al servicio de cada partido proyectan de él", según nos dijo recientemente un responsable político de un partido de ámbito nacional.

60. De este modo, cuando su partido sea criticado o elogiado podrá responder "por qué, cómo y en qué" ha fallado o acertado, lo que puede redundar en el fortalecimiento de su reputación.

61. Meta u objetivo que será aplicable al partido en su conjunto o sólo a una parte del mismo (jerárquica, funcional o geográfica) según sea, claro está, el radio de acción o autonomía que el patrocinador ostente dentro del partido. Huelga decir que la elección de la meta u objetivo es de la exclusiva competencia del patrocinador. El asesor se asegurará de que la meta decidida por el patrocinador cumple con una serie de requisitos de fondo y forma que veremos más adelante. Nada más. Y nada menos.

62. La definición definitiva de la meta que se ha propuesto alcanzar el patrocinador podrá ser decidida por éste durante la fase preparatoria. Pero puede ocurrir que el patrocinador disponga que la formulación final de la meta por él elegida se consensue en grupo, en el arranque, por tanto, de la jornada SIC.

63. En la Primera Parte ofrecimos ejemplos, algunos de los cuales reproducimos aquí de nuevo:
    – Fijar en 5 años la experiencia internacional mínima que deben tener quienes aspiren a ser elegidos candidatos electorales a cargos de representación pública. Plazo: 12 meses a partir de hoy
    – Asegurar una tasa de cobertura de los gastos de personal fijo no inferior al 35% de los ingresos por cuotas de afiliados antes del 31 de diciembre de 2020
    – Conseguir, en el plazo de 2 años, un índice de paridad del 50 % en todos los órganos de gobierno, tanto a escala nacional como regional

64. Tales como afiliados, militantes, simpatizantes o ciudadanos interesados.

65. A estos nos referiremos en los sucesivo como 'el equipo' del partido político para distinguirlos de las personas asignadas por la Asociación por la Calidad y Cultura Democráticas.

Capítulo quinto
Fase de realización.
Descripción del método de trabajo

🙢

En la fecha convenida, la Asociación por la Calidad y Cultura Democráticas, por medio del asesor que ha llevado las negociaciones preliminares, enviará a la atención del patrocinador SIC una propuesta formal. Ésta recogerá, en los términos convenidos, todos y cada uno de los puntos acordados durante la fase preparatoria. Y, días más tarde, en vísperas de la fecha de celebración:

- El patrocinador comprobará que los participantes por él asignados conocen los términos y condiciones[66] que, desde el punto de vista organizativo, son requeridos para participar en la jornada de trabajo.

- Y, por su parte, el asesor comprobará que la sala reservada[67] para el desarrollo de las sesiones se ajusta a las condiciones solicitadas.

El orden con el que describiremos el método SIC es el de la Agenda (Tabla 2)[68] que el asesor ha hecho llegar al patrocinador como parte de la propuesta formal:

Tabla 2. Agenda de trabajo de una sesión piloto

09:00 – 09:15	Llegada de los participantes	
09:15 – 09:30	Bienvenida y temática de la actuación SIC Presentación de los miembros del partido	Patrocinador
09:30 – 10:00	Presentación de los asesores de la ACCD Reglas del juego. Introducción a SIC	Asesor
10:00 – 10:15	Deliberación sobre la temática/meta presentada por el patrocinador	Todos. Modera: Asesor
10:15 – 11:15	Identificación de las influencias dominantes	Todos. Modera: Asesor
11:15 – 11:30	*Descanso*	
11:30 – 12:30	Identificación de factores críticos	Todos. Modera: Asesor
12:30 – 13:30	Identificación de actividades	Todos. Modera: Asesor
13:30 – 13:45	Factores críticos vs. Actividades	Asesor
13:45 – 14:15	Un plan de trabajo pactado	Todos. Modera: Asesor
14:15 – 14:30	Compromiso: Calidad y sistema de indicadores	Asesor
14:30 – 15:30	*Almuerzo*	*Opcional*

Intervención del patrocinador

En el arranque de las sesiones de trabajo, el patrocinador habla ante los miembros del equipo del partido y los asesores externos. Es la primera ocasión en la que están reunidos. Por eso, con independencia de cómo el patrocinador haya llevado las conversaciones preparatorias con los miembros de su equipo –si individual o colectivamente–, es deseable que la totalidad de los participantes, equipo y asesores, escuchen por boca del patrocinador la exposición de los hechos, motivaciones y propósitos. Una narración, la misma para todos, que servirá como referencia única y común. Pues la actuación SIC, si bien estará conducida por los asesores externos, es una reunión del partido y dotada de contenido por y para el partido.

Con el grado de detalle, en el estilo y por el orden que considere oportunos, se espera que el patrocinador transmita a los presentes, amén de otros asuntos adecuados a la ocasión, los siguientes mensajes:

- Porqué decidió aprobar la organización de esta actuación SIC; cuáles fueron las motivaciones que le impulsaron: ¿la proximidad de nuevas elecciones?, ¿una presumible pérdida de votos?, ¿la aparición de nuevos agentes en el panorama político?, ¿una antigua aspiración por modernizar determinados aspectos del partido?, etcétera.

- ¿Qué pasos se han dado desde el momento en que la Asociación por la Calidad y Culturas Democráticas entró en contacto con él? Aquí, el patrocinador podrá recordar los detalles que crea más destacados con vistas al desarrollo de los trabajos a punto de comenzar.

- El patrocinador presentará a los miembros del equipo y mencionará, si lo cree acertado, las razones por las que pensó en cada uno de ellos. Como criterio general habrá de recordar que han sido convocados a esta reunión no en calidad del cargo que cada cual tiene en el partido, ni en representación de ningún grupo, agrupación, departamento o entidad de cualquier tipo. "Habéis sido convocados –recordará el patrocinador– por el conocimiento que se os supone sobre la materia de la que vamos a tratar. Aunque en la organización del partido existan dependencias funcionales o jerárquicas entre algunos de vosotros –como es el caso–, en el contexto de esta jornada SIC tales relaciones carecen de sentido, no existen. Participáis por lo que sabéis, como se encargará de recordarnos, estoy seguro, el asesor".

- Y es el momento para que el patrocinador hable, también, de su propio papel como impulsor de esta iniciativa. Una condición que, bajo ningún concepto, lleva consigo prerrogativa o atribución jerárquica alguna sobre los miembros del equipo durante el desarrollo de la sesiones SIC. Este es un aspecto que el patrocinador debe subrayar con especial énfasis. El mismo énfasis que es aconsejable que ponga, en estos momentos del arranque, sobre su apoyo decidido al formato y el método de trabajo.

- ¿En qué términos cree el patrocinador que este ejercicio puede ser positivo para el partido? ¿Qué beneficios espera alcanzar? El asesor le habrá hablado de un abanico genérico de posibilidades, entre las que el patrocinador resaltará aquellas que considere adecuadas a la ocasión.

Por último y más importante, si cabe, de cuantos estos y otros mensajes pueda contener la intervención inaugural del patrocinador, nos referiremos a la meta que, elegida por éste, será sometida a análisis en la jornada SIC. Recuérdese que durante las conversaciones preliminares patrocinador y asesor habrán acordado llevar a cabo una operación real o, por el contrario, un mero ensayo o simulacro. Pues bien, tanto estemos en un caso como en otro, en lo que se refiere a la meta, los mensajes que los componentes del equipo deben escuchar por boca del patrocinador son los siguientes:

- "La meta[69] ha sido, como sabéis, decidida por mí. Más adelante, cuando el asesor nos lo pida, debatiremos sobre ella. De momento, insisto en algo que creo recordar ya os había adelantado: trabajar sobre la meta nos deparará dos tipos de resultados:

  1. "Obtendremos un plan de trabajo concreto. Esto nos permitirá tener razonables garantías de éxito en la consecución de esta meta en el plazo fijado.

  2. "Y tan importante o más que lo primero, habremos ganado experiencia, es decir, sabremos más y mejor cómo:
     - compartir la misma visión sobre un asunto concreto,
     - desarrollar habilidades de análisis en grupo,
     - identificar objetivos precisos sin confundirlos con las tareas necesarias para conseguirlos,
     - responsabilizarnos de proyectos particulares que forman parte de un plan general,
     - etcétera…

     …lo que nos permitirá establecer una estrategia de comunicación, tanto interna como de cara a la sociedad, en materia de mejora continua de calidad organizativa y, así, comprometernos como partido político a su cumplimiento.

"En otra palabras, y como dice el conocido proverbio, además de pescado, habremos aprendido a pescar, es decir, habremos ejercitado el hábito de dirigir y gestionar nuestros asuntos de forma eficaz y coordinada, con lo que la cultura de nuestra organización habrá salido reforzada"[70].

"Lo que, dicho sea de paso y para acabar –podrá concluir así el patrocinador– nos situará más cerca de saber aplicar este tipo de herramientas ante el descomunal reto que tenemos por delante: combinar las habilidades asamblearias, en el ámbito de la participación ciudadana, con la lógica inherente a las estructuras organizativas de los partidos políticos".

La intervención puede durar, en suma, entre diez y quince minutos, al cabo de los cuales el patrocinador dará la palabra al asesor[71].

Habla el asesor

El asesor principal procede a presentarse formalmente y a presentar a su colega. Éste tiene a su cargo, entre otros cometidos, la redacción del cuaderno de campo[72], imprescindible para la elaboración del informe final. "Nuestro trabajo será tanto más satisfactorio cuanta más desapercibida pase nuestra presencia en esta sala, por paradójico que pueda ello parecer". Es la forma habitual con la que el asesor puede referirse, nada más haberse presentado, a su papel como experto en la utilización del método SIC. Un rol, el suyo y el de su ayudante, que se mantendrá por completo al margen de las materias, las cuestiones o los asuntos, en una palabra, de los contenidos que tratarán los miembros del equipo.

El asesor deberá recordar, ya en estos primeros instantes de su intervención, que a medio plazo la mejor prueba del correcto desempeño de su trabajo será que el partido político acabe tomando "las riendas de su propio proceso de transformación y ya no quepa hablar de 'las actuaciones SIC' que acomete (con o sin ayuda de asesores externos), sino de la forma habitual de trabajo que tiene el partido" como anticipamos en la Primera Parte.

El asesor presentará otros mensajes, seleccionados para la ocasión entre los que ha ido acumulando en el desempeño de su carrera y que constituyen su acervo profesional. Y, así, puede referirse a:

- La cantidad y diversidad de sesiones SIC que ha tenido la oportunidad de conducir

- Las circunstancias que han rodeado la preparación de esta sesión SIC y que, en su opinión, merece la pena ser destacadas como:

  - Positivas: el grado de interés que ha percibido, por ejemplo

  - Negativas: las trabas burocráticas con que se ha encontrado, pongamos por caso

  - Neutras: quizás, la necesidad de adecuar la ortodoxia del método al caso concreto que les ocupa, "pues el método está a vuestro servicio y no al contrario"

- La actitud que se requiere para trabajar en equipo, en cuanto a:

  - La diversidad de formación y trayectorias profesionales de los participantes, lo que le exigirá a cada uno de ellos una notable capacidad para "traducir sobre la marcha" el sentido de las aportaciones de los otros participantes y, en igual o mayor medida, si cabe, les exigirá la no menos notable capacidad para traducir al campo de la acción política categorías que provienen del campo de la administración de las organizaciones humanas.

  - El respeto al tiempo ajeno y al uso de la palabra, lo que evitará que la jornada resulte, por causa de los así llamados 'ladrones de tiempo', improductiva.

  - La renuncia a destacar o sobresalir por encima de los demás, tentación que con alguna frecuencia sobrevuela las salas de debate o de trabajo en equipo[73].

El asesor no tendrá reparo en insistir en algunos de los mensajes que, por su importancia, pueda haber ya enunciado el patrocinador, tales como estos dos:

- La oportunidad no solo de acometer la meta propuesta, sino también de desarrollar las habilidades que se necesitan para analizar en equipo asuntos complejos, y

- La erradicación de cualquier forma de relación jerárquica durante el desarrollo de las sesiones. Mañana, de vuelta a trabajo del día a día, entonces sí, las relaciones jerárquicas cumplirán su papel, en función siempre de la cultura organizativa de cada partido político.

Un mensaje que el asesor no deberá omitir en esta 'puesta en escena', o contexto previo a la exposición del método, es el siguiente:

- SIC no es un método de "resolución" de problemas, se refieran estos a situaciones, conflictos o dudas. En este sentido puede decirse que, una vez se acaben las jornadas, no habrá quedado resuelto nada.

- SIC es, empero, un método para "analizar" cuestiones complejas, es decir, asuntos en los que entran en juego muchas variables de diferente naturaleza y con numerosos vínculos entre sí. En este sentido puede decirse que, una vez acaben las jornadas, se sabrá cuándo y qué debe hacer cada responsable asignado, de forma tal que el partido pueda tener razonables garantías de alcanzar la meta propuesta en el tiempo convenido, por cuantiosas que hayan sido las variables identificadas y múltiples las relaciones entre ellas.

Así también, el asesor deberá recordar a los miembros del equipo un asunto de gran relevancia cuando de lo que se trata es de mejorar aspectos organizativos, y no programáticos, de un partido político. A este respecto, el asesor podrá recordar mensajes como este:

- "La ideología dibuja el futuro, pero es la organización lo que nos permite encaminarnos hacia él. Por eso, sólo con organización no sabríamos a dónde ir y, claro, nos perderíamos; pero sin organización no iríamos a ninguna parte"[74]. Y puesto que aquí nos hemos reunido para tratar de mejorar aspectos organizativos –dirá el asesor–, resulta aconsejable de todo punto haber dejado la ideología colgada en el perchero antes de entrar a la sala[75].

Estos son, en fin, los mensajes que el asesor puede transmitir en su intervención inicial. Palabras con las que pretende, como dijimos, crear un clima propicio para las sesiones de trabajo.

Llegado este punto, el asesor enunciará las diferentes fases en que se divide una actuación SIC. Y advertirá a los participantes de que se trata de escenarios con dinámicas y propósitos muy diferentes, lo que les exigirá responder con gran capacidad de adaptación a los cambios entre fase y fase. Este es un ejemplo de descripción introductoria, breve y sencilla, de las distintas fases[76]:

- Meta: Un tiempo para debatir sobre la meta elegida por el patrocinador.

- Influencias Dominantes: Un tiempo asambleario para la identificación de todas aquellas circunstancias, ideas, hechos, personas o cosas que, en opinión de cada cual, puedan favorecer, o bien dificultar, la consecución —en el tiempo convenido— del objetivo final o meta para la cual se ha organizado esta sesión.

- Factores Críticos: Un tiempo para consensuar aquellos objetivos previos que deberían lograrse y sin los cuales no sería posible alcanzar la meta que es objeto de la actuación SIC.

- Actividades: Un tiempo para consensuar las actividades que deberán realizarse con el fin de conseguir los objetivos previos que garantizan el logro de la meta u objetivo final.

- Plan de trabajo, seguimiento y control: Un tiempo para pactar el plan de trabajo en el que se explicitan, para cada actividad, quién se responsabiliza de su coordinación y ejecución, las fechas de comienzo y finalización y los hitos de seguimiento y control.

- Calidad y sistema de indicadores: Un tiempo para recordar las bases de la calidad y la mejora continua en las organizaciones humanas.

Debatir la meta propuesta; identificar cosas que pueden ayudar o dificultar; seleccionar objetivos que deben alcanzarse previamente; determinar tareas a realizar, etcétera son actividades mentales que exigen esfuerzos radicalmente distintos. Tan dispares como lo son los complementos directos de cada oración, a saber, respectivamente: meta, cosas, objetivos, tareas, etcétera.

Y parece estar empíricamente demostrado que la mente humana presenta notables dificultades para "centrarse" en cada uno de estos escenarios haciendo abstracción del resto de los ejes que componen el análisis. De ahí, que sea frecuente hablar, por ejemplo, de tareas a realizar cuando de lo que se está hablando es de objetivos a alcanzar, o viceversa, por citar un desatino frecuente. Por otro lado, resulta igualmente constatada la inercia que, por lo común, nos impide cambiar de 'un registro mental' a otro de forma resuelta y rápida. Por todo ello, el asesor deberá advertir, antes de acabar aquí su intervención, que será poca toda la atención que pongan los miembros del equipo para: (a) concentrarse 'monográficamente' en cada una de las fases y (b) cambiar con agilidad y nitidez de una fase a otra.

La intervención del asesor puede extenderse por espacio de unos 30 ó 40 minutos, contando las preguntas que suelen formular los miembros del equipo.

La meta a debate

El asesor resumirá en este momento los puntos clave sobre la meta[77], escribirá sobre un papel grande del caballete la frase que resume la idea expuesta por el patrocinador (Figura 1), y dará la palabra a éste.

Es el tiempo para que el patrocinador comente la meta, ahora a la vista de todos. E invitará a los miembros del equipo a que intervengan, pregunten, den vueltas a la cuestión con el fin de retocar, si pareciera aconsejable, algún aspecto de la redacción.

El propósito de este paso es que la meta, y el plazo de consecución, acaben expresados de forma tal que todos los presentes lo entiendan de la misma forma, quedando así eliminada toda posibilidad de errores interpretativos.

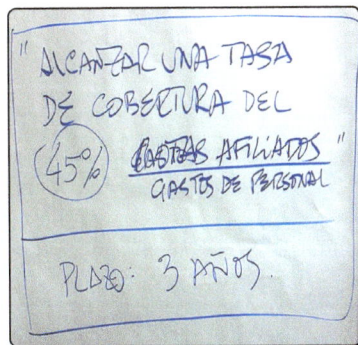

Figura 1. Meta y plazo

La duración de esta fase depende, sobre todo, del grado de elaboración con que el patrocinador haya presentado la meta. Puede tratarse de una frase meditada en todos sus aspectos, sólo pendiente de introducir, acaso, algún matiz o detalle. O, en el extremo opuesto, el patrocinador puede haber solicitado la realización de una actuación SIC a partir de una simple idea, más o menos vaga, sobre el asunto que desea someter a análisis. En este caso, la fase de definición de la meta adquiere, como es lógico, otra dimensión.

En cualquiera de los dos escenarios, la formulación definitiva de la meta y del plazo convenido para su consecución se recogerá fielmente por escrito y permanecerá en un lugar de la sala a la vista de todos los participantes. Es el lugar hacia donde el asesor invitará a dirigir la mirada a quien, en un momento dado, pueda apartarse de los asuntos que se están tratando.

Esta es la imagen que, a partir de este momento, congregará la atención de todos durante el desarrollo de la jornada de trabajo. Porque, a estas alturas del encuentro, se habrá creado el clima adecuado para que todos los participantes compartan una emoción colectiva: la que les mueve a descubrir, como equipo, qué ha de hacerse para lograr esa meta en el tiempo convenido. Es el momento en que el asesor rodeará, con un trazo en forma de nube o entorno, la caja que contiene la meta y el plazo consensuados (Figura 2). Y entre uno y otra comenzará a escribir símbolos (+, −, I, E) mientras introduce el concepto y la práctica de lo que se ha dado en llamar influencias dominantes.

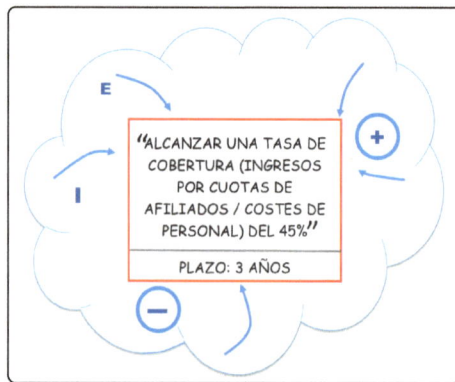

Figura 2. Misión, plazo e influencias dominantes

Influencias dominantes

Se entiende por influencia dominante –recordará el asesor– toda idea, hecho, circunstancia, persona o cosa que, en opinión de los asistentes, puede favorecer la consecución de la meta o, por el contrario, la puede dificultar[78]. A las primeras, las llamamos influencias dominantes positivas y las caracterizamos por el correspondiente signo +, mientras que a las influencias que pueden impedir o bien obstaculizar el logro propuesto, las llamamos influencias dominantes negativas (–). En ocasiones, una influencia dominante puede ser considerada tanto positiva como negativa, según sea el punto de vista que a tales efectos se adopte. Veremos inmediatamente ejemplos de uno y otro tipo.

A continuación, el asesor advertirá que no es ésta la única forma de categorizar las influencias dominantes. También es necesario conceptuarlas (con independencia de que sean positivas o negativas) por el grado de control que se tenga sobre ellas. Así, cuando se considera que están "fuera de nuestro control", las denominaremos influencias dominantes externas, en tanto que si las creemos que están "bajo nuestro control", entonces, las denominaremos influencias dominantes internas.

Esta segunda forma de clasificar las influencias dominantes no resulta tan evidente o inmediata como la primera. Porque exige ponerse previamente de acuerdo en un aspecto que, por lo común, se pasa por alto. Así, cuando decimos "fuera o bajo nuestro" control, ¿a quién, a quiénes o a qué nos estamos refiriendo? Por eso es necesario de todo punto que el equipo de trabajo, antes de acometer la identificación de influencias dominantes, se ponga de acuerdo sobre este importante extremo, cosa que, como decimos, es llamativamente infrecuente[79].

La linde que separa lo que consideramos "nuestro" de lo que consideramos que no es nuestro tiene que quedar dibujada con nitidez si queremos llegar a conclusiones mínimamente útiles. ¿Cuál es el sistema dentro del cual pensamos que tenemos el control de los acontecimientos, mientras que más allá de los límites de este sistema pensamos que las cosas suceden fuera de nuestro control?¿Es el partido político en su conjunto? ¿Es la agrupación alfa? ¿Es la Secretaría General? ¿Es el Director de Comunicación? ¿Es la sede regional del partido en Asturias?

Insistimos: el asesor no debe permitir que se acometa la identificación de influencias dominantes sin antes haberse alcanzado un acuerdo
inequívoco sobre este punto: ¿de qué sistema estamos hablando? ¿cuál es
el límite que permitirá decidir si una influencia dominante 'cae' dentro
o fuera del sistema? ¿Cuál es ese límite en el que nos basaremos para
clasificar una influencia como interna (I) o externa (E)?

Tan importante como lo expuesto es la regla por la que se rigen
las aportaciones en esta fase de identificación de influencias dominantes. Esta regla es muy simple: la identificación de las influencias
dominantes no requiere consenso. Cada participante puede manifes-
tar su opinión libremente. O, expresado con otras palabras, nadie
necesita la aprobación del resto para que su opinión sea incluida en
la lista de influencias dominantes. Como tampoco ninguna propuesta puede ser objeto de refutación o veto. Llamémoslo 'tormenta de
ideas', proceso asambleario, o como se prefiera. Se trata de cosechar
las opiniones de todos los presentes sin que ninguno de ellos, como
decimos, ninguno, pueda quitar la razón, contradecir o entrar en
discusión con nadie.

No es ésta la única regla. El asesor debe también asegurarse de
que la lista de influencias dominantes únicamente incluye expresiones
que denotan "ideas, hechos, circunstancias, personas o cosas" y no
objetivos, proyectos, deseos, o cualquier otra categoría ajena a la idea
de influencia dominante. En nuestra experiencia, es altamente probable
que ya, en los primeros 10 minutos de esta fase de identificación de
influencias dominantes, se hayan dado ambos tipos de anomalías: la
discusión innecesaria y la aportación equivocada.

Una vez haya constatado que el equipo de trabajo –patrocinador
incluido– se encuentra familiarizado con todos estos criterios de actuación, el asesor les pedirá que comiencen a aportar influencias dominantes, especificando para cada una de ellas si la consideran positiva o
negativa y, al mismo tiempo, si interna o externa.

En el simulacro de media jornada que hemos elegido como ejemplo, las influencias dominantes que, en opinión de los participantes,
'rodean' la meta y el plazo convenido para su consecución, fueron las
siguientes (Figura 3):

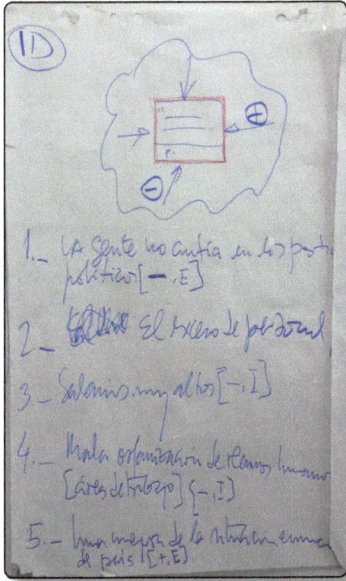

1. La gente no confía en los partidos políticos [–, E]
2. El exceso de personal [–, I]
3. Salarios muy altos [–, I]
4. Mala organización de recursos humanos (áreas de trabajo) [–, I]
5. Una mejora de la situación económica [+, E]
6. Escasez de afiliados [–, I]
7. Gestión económica optimizable [–, I]
8. Ilusión por mejorar el bienestar de los afiliados respecto a su pertenencia al partido [+, I]
9. Fantástico departamento de Comunicación [+, I]
10. Inminencia de elecciones [–/+, I/E]
11. Nivel monetario dela cuota de afiliados [+, I]

Figura 3. Influencias dominantes

El orden en que aparecen las influencias dominantes en la lista no refleja otra cosa que el orden en el que iban siendo aportadas por los miembros del equipo, razón por la que no debe buscarse ninguna interpretación supuestamente 'avanzada' a la secuencia resultante.

En ocasiones, la influencia sugerida se reduce a una expresión corta, un aserto cuyo significado no necesita explicación adicional alguna ("salarios muy altos"). En otras, por el contrario, una idea va formulándose sobre la marcha e, incluso, puede quedarse incompleta. Esta situación suele animar a quienes escuchan a que pregunten y, así, el que está en el uso de la palabra elaborará más su propuesta: "Ilusión por mejorar el bienestar de los afiliados…respecto a…su pertenencia al partido".

Cuando no es evidente porqué una influencia –por demasiado escueta o excesivamente prolija– puede obstaculizar o bien favorecer la consecución de la meta, se abre un breve diálogo con el fin de aclarar la argumentación que le ha llevado a su autor a proponerla.

En sesiones reales, cuya duración como dijimos es de un día completo o, incluso, de un día y medio, la cantidad de influencias dominantes que se identifican se mueve en el entorno de 40, más/menos 10-15. Como norma, podemos decir que tanta extrañeza debe producir un ejercicio con tan sólo una decena de influencias dominantes como el que presentara un centenar, por suponer una cantidad en verdad disparatada. Y esto viene siendo así, con independencia de la meta objeto de análisis, de la cantidad de miembros que integren el equipo, del sector de actividad a que pertenezca la organización o de cualquier otra variable que imaginarse pueda. Es un orden de magnitud que, como ya anticipamos, no tiene otro fundamento que la fuerza de los hechos. Y en este ejercicio se habría llegado a la cuarentena, sin duda de ningún género, si, en lugar de haber sido un simulacro de media jornada, hubiera sido una actuación SIC real, de un día o un día y medio de duración.

Durante el descanso que sigue al proceso de identificación de las influencias dominantes, los asesores confeccionarán la estructura que ha resultado en términos de Internas/Externas versus Positivas/Negativas (Figura 4).

Para ello se valdrán de la numeración ordinal de las influencias relacionadas y posicionarán cada una en su correspondiente cuadrante de la tabla 2 x 2. En este clásico formato, y ya en la reanudación de la sesión, se mostrará el resultado obtenido.

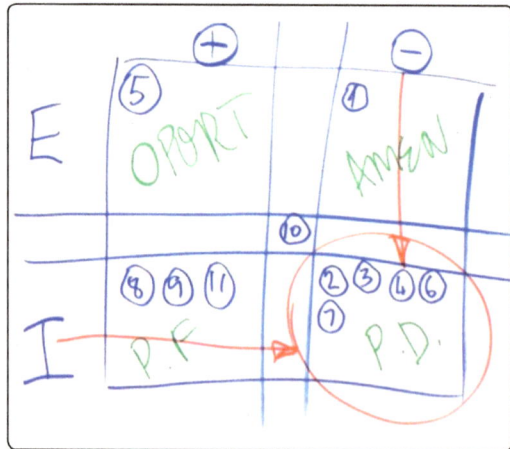

Figura 4. Estructura de las influencias dominantes

Esta imagen da pie al correspondiente debate sobre las conocidas categorías que produce el 'cruce' de ambas dimensiones:

- Influencias dominantes **+, E** → Oportunidades
- Influencias dominantes **−, E** → Amenazas
- Influencias dominantes **+, I** → Fortalezas
- Influencias dominantes **−, I** → Debilidades

En este caso-simulacro estamos ante una situación en la que predominan los puntos débiles o debilidades. Pues (sin tener en cuenta la influencia 'polivalente' número 10) la mitad de ellas, es decir, 5 de las 10, el 50%, pertenece a la categoría de debilidades, es decir, de aspectos internos que pueden poner en peligro la meta: "alcanzar una tasa de cobertura (Ingresos por cuotas de afiliados / Costes de personal) del 45% en el plazo de 3 años".

Considerar cada una de estas influencias situadas dentro del cuadrante de las debilidades, para después pasar a comparar cada una de las cuatro categorías con el resto, es el debate que el asesor deberá animar en estos momentos.

Pues todo ello permitirá que la meta que les ha congregado en la sala de trabajo quede definitivamente instalada y enmarcada en el pensamiento de todos y cada uno de los participantes. Ya han ganado confianza y desenvoltura; cada cual lleva tiempo escuchando su voz entre las del resto; se han sentido escuchados y participantes activos. Y se disponen a descubrir, entre todos, cómo conseguir alcanzar una meta que ahora saben sujeta a una 'nube' o entorno de influencias dominantes identificadas por ellos mismos.

Hemos reproducido aquí, en miniatura, una imagen compuesta con los resultados obtenidos en un caso real (Figura 5). Se trata de una situación en la que el cuadrante más concurrido es el de las amenazas [−, E], no el de las debilidades [−, I] como en el caso-simulacro que nos ocupa. Pero esto es lo de menos; lo importante es ayudar al lector, mediante esta composición, a imaginar la riqueza analítica que queda a disposición del equipo. Riqueza que es fruto de la combinación de estos dos ingredientes: por una parte, la producción intelectual, el trabajo en equipo y la entrega de todos los participantes y, por otra, la observancia meticulosa y flexible de un método simple y poderoso.

Una riqueza, en fin, que no es sino el preámbulo del resultado final de la actuación SIC.

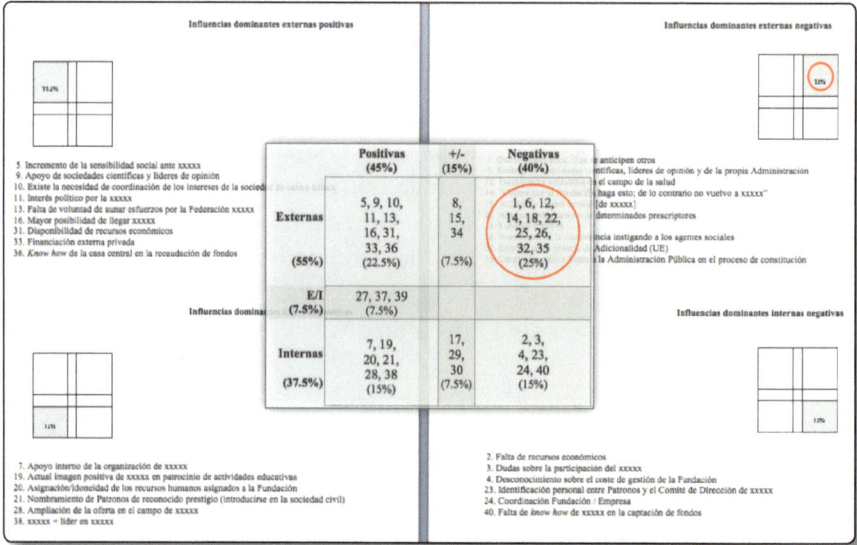

Figura 5. Estructura DAFO de un caso real
(Cómo constituir una Fundación en el área médica, noviembre 1997)

Es el momento adecuado para que el asesor invite a acometer la siguiente fase, la que está dedicada a la identificación de los factores críticos.

Factores críticos

Se entiende por factor crítico –recordará ahora el asesor– todo objetivo cuyo cumplimiento resulte condición necesaria para alcanzar la meta. Dicho en otras palabras, un factor crítico es aquello en lo que no se puede fallar si la organización quiere mantener la garantía, o seguridad razonable, de que puede alcanzar la meta que se ha propuesto (una tasa de cobertura del 45%) en el tiempo o plazo convenido, 3 años en el caso que nos está sirviendo de ejemplo. Por tanto, si un objetivo identificado como factor crítico no se alcanzara, la consecución de la meta final no sería posible o, cuando menos, estaría en peligro.

En la imagen adjunta (Figura 6)[80] se sugiere un modo habitual de representar las relaciones entre [Influencias dominante] – [Meta | Plazo] – [Factores críticos].

El asesor puede dibujar un esquema de este tipo en los papeles grandes del caballete y, valiéndose de él para fijar la noción de factor crítico ya introducida, continuar exponiendo las reglas del juego que han de observar los participantes en esta nueva fase del trabajo:

- Se trata de identificar factores críticos (o CSF), es decir, objetivos irrenunciables, lo que exigirá a los participantes emplear otra lógica, otro modo de discurrir y razonar. Ya no es cuestión de imaginar "ideas, hechos, circunstancias, personas o cosas", sino objetivos. El asesor debe favorecer el cambio de escenario mental, si se nos permite la expresión, mediante no importa qué metáforas o imágenes, pero es importante animar a los miembros del equipo a que razonen en esta otra clave o dirección, radicalmente diferente de la que utilizaron para imaginar influencias dominantes.

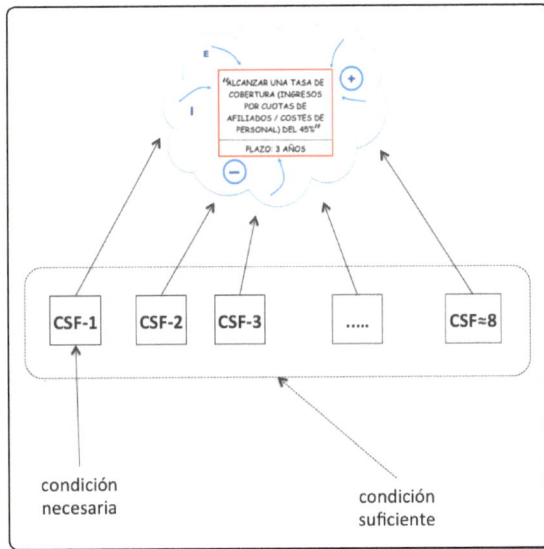

Figura 6. CSF necesarios y suficientes

71

- Así como la aportación de influencias dominantes se regía por las reglas propias de la llamada 'tormenta de ideas', ahora las condiciones a observar son sustancialmente diferentes. La aceptación de un CSF requiere el consenso entre los participantes. No puede darse de alta un factor crítico a menos que exista unanimidad. Esto implica debatir cada propuesta. Un participante puede haber dicho: "En mi opinión, uno de los objetivos imprescindibles para poder alcanzar la tasa de cobertura que nos proponemos es captar nuevos afiliados. Yo creo que esto es obvio porque…etcétera". A lo que otro le puede replicar diciendo: "Pues yo opino que con eso no es suficiente, porque mira, lo importante es asegurarse de que quienes ya son afiliados no quieran darse de baja y además paguen, de verdad, sus cuotas; todos sabemos que…etcétera". En definitiva, el escenario para ir seleccionando factores críticos se caracteriza por el debate, el consenso, la unanimidad.

- El proceso de identificar CSF debe desarrollarse dentro de esta idea-marco: *cada* CSF es imprescindible y ninguno por sí solo es suficiente[81], pues únicamente el *conjunto* de los CSF aporta la condición de suficiente.

- En consonancia con lo expuesto en la nota precedente, el asesor debe estar atento e impedir la formulación de un supuesto factor crítico que, detenidamente analizado, no resulta ser sino una reformulación de la meta en otros términos. Y es que en ocasiones, el cansancio suele tender estas 'trampas' durante el desarrollo de este tipo de trabajos.

- Por otra parte, y esto no suele deberse al cansancio ni a un bajón de creatividad, es frecuente que a un participante se le ocurra plantear una pregunta de este estilo: "Pero esto que estás proponiendo como objetivo, ¿no habría que *hacerlo antes* del que acabamos de definir como CSF-4?". Esta intervención contiene dos equivocaciones, como decimos, frecuentes. La primera es haber introducido en el tiempo de los CSF la noción de actuación, ejecución o realización que supone el empleo del verbo "hacer". Estamos en un momento —el asesor no debe temer repetirlo tantas veces como hiciera falta— dedicado a identificar objetivos, no tareas ni actividades. Un CSF no "se hace"; nos proponemos alcanzarlo, que es distinto. Y, en segundo lugar, esta fase es para identificar CSF no para priorizar su consecución en el tiempo. Intentar imaginar prioridades, o establecer ya calendarios, a estas alturas del ejercicio, conduce inexorablemente a una pérdida de tiempo. Ya habrá ocasión y necesidad de ello. Ahora no es el momento.

Uno, dos, tres... factores críticos. A medida que avanza el proceso de identificación de CSF puede aparecer, como decíamos, el cansancio, la pérdida de capacidad para imaginar nuevos objetivos. En estas circunstancias, las preguntas que, una y otra vez, habrá de formular el asesor son de este tipo: "Los CSF identificados, ¿son suficientes para tener garantías razonables de éxito? ¿Falta algún objetivo sin el cual sería imposible alcanzar la meta en el plazo convenido?".

De acuerdo con la experiencia acumulada, esta fase suele durar entre 2 y 3 horas, al cabo de las cuales se habrán reunido entre 4 y 8 factores críticos o CSF. Y decimos aquí lo equivalente a lo manifestado con motivo de la identificación de las influencias dominantes: Habría de extrañar mucho un ejercicio de este tipo que arrojara tan solo dos o tres factores críticos o que, en el extremo opuesto, presentara un plantel de decenas de CSF. Esto es lo que dicen los hechos. Estamos hablando, en fin, de una decena escasa de factores críticos que han surgido como han surgido, es decir, por un orden al que no merece la pena buscarle un significado especial, porque no lo tiene.

Cuando la respuesta a la machacona pregunta de rigor (¿Qué más haría falta conseguir para alcanzar esa tasa de cobertura en tres años?) sea: "Creemos que no se necesitaría mucho más, pues parece que si consiguiéramos esos objetivos, la meta estaría garantizada", entonces, el asesor puede invitar al equipo a repasar la relación de las influencias dominantes. Es una práctica aconsejable con el fin de asegurarse de que no se ha omitido nada, en verdad, importante. En ocasiones, en este ejercicio de revisión surge la sorpresa y, entonces, el equipo debe afanarse en debatir y formular ese nuevo CSF que había pasado inadvertido y ahora se ha hecho evidente.

Y si después de examinada la lista de influencias dominantes, la respuesta a la pregunta –pregunta que acaba siendo terca y fastidiosa– es así de rotunda: "Nada, definitivamente no hace falta nada más; si fuéramos capaces de conseguir estos 'equis' objetivos, es evidente que el partido lograría la tasa de cobertura del 45% en el plazo de tres años", entonces, es el momento de felicitarse porque el grupo ha alcanzado un acuerdo. Y un acuerdo no sobre cualquier cosa, sino sobre una meta que se considera relevante, alcanzable y mensurable para y por el partido. Una meta, por tanto, nada extravagante sino muy pertinente. Y también habría que felicitase por haber identificado los hitos del camino que conducen a ella, hitos o cotas que estaban en la mente de todos y en la de ninguno en particular. El método SIC ha ayudado al equipo a extraerlos de su inteligencia colectiva.

De esta forma, el equipo se ha situado en la antesala de la identificación de lo que, llegado este punto, está deseando poner negro sobre blanco: "Todo esto está muy bien, pero ¿qué es lo que hay que hacer? ¿y quién se va a responsabilizar de que se haga? ¿y cuándo? ¿Y cómo se traduce todo esto en el prometido sistema de indicadores de calidad?...".

Actividades a realizar

Una forma práctica de ayudar al equipo a dejar atrás la actividad mental necesaria para identificar factores críticos y disponerse, en lo sucesivo, a reconocer actividades es la siguiente: Nada podrá ser propuesto como actividad o tarea a menos que nos imaginemos a una persona concreta, de carne y hueso –valga el exceso de realismo–, responsabilizándose de su ejecución y realizándola con sus brazos y su mente. Esta suele ser una buena fórmula para evitar que, entre la lista de tareas o actividades a realizar, se deslicen lo que son objetivos a alcanzar.

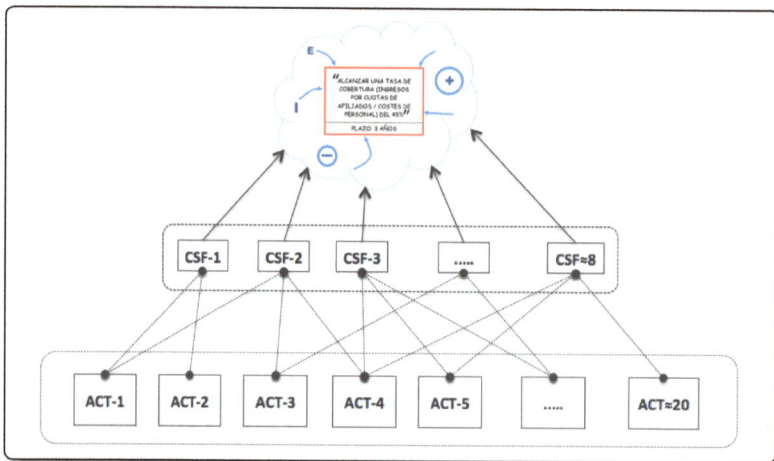

Figura 7. De los CSF a las Actividades

El asesor puede continuar la "argumentación gráfica" con un nuevo esquema como el representado en la Figura 7 para ilustrar el proceso de identificación de actividades (ACT) a partir de los CSF. Un proceso que, formalmente, presenta semejanzas y desemejanzas con el llevado a cabo para identificar CSF a partir de las influencias dominantes. Veamos en qué consiste este nuevo paso:

"¿Qué actividad o actividades habrá que realizar para alcanzar el objetivo o factor crítico CSF-1?" será la primera pregunta de una secuencia que ya se adivina. El asesor acompañará al equipo en los debates que suscite esta pregunta referida a, uno por uno, todos los CSF, del primero al último.

Debates que, uno tras otro, acabarán tan pronto como se alcance el acuerdo: "Sí esta actividad –'Organizar una campaña de comunicación orientada a la captación de nuevos afiliados'– es imprescindible para poder conseguir ese CSF". Como pretenden indicar los conectores entre CSF y ACT en la figura 7, un mismo CSF puede sugerir determinadas actividades y, así también, una actividad puede ser necesaria para la consecución de más de un CSF.

Esta realidad bidireccional puede observarse con mucha más claridad en formato matricial, como el utilizado durante la sesión-piloto de la Asociación por la Calidad y Cultura Democráticas (Figura 8), a que nos referimos anteriormente.

Este formato permite, además, matizar o "granular" algo más la relación entre una ACT y un CSF: "La ACT-2, ¿es *imprescindible*, es *deseable* o resulta *irrelevante* para conseguir el CSF-1? ¿Y para el CSF-2 ¿Y para el CSF-3?".

Es evidente que todo tiene que ver con todo, mas con esta categorización se trata de ganar un poco de relieve o contraste, lo que, como veremos, puede ser de utilidad para ulteriores análisis.

La coherencia entre las actividades, en cuanto a su grado de complejidad[82], es algo tan deseable como, en ocasiones, difícil de conseguir. La habilidad y experiencia del asesor brillará en este punto, acaso con mucha más intensidad que en otros momentos de la actuación SIC. Pues no es un cometido fácil, ni para el que exista una norma o receta de fácil aplicación.

Figura 8. CSF – Actividades

Veamos. Cuanto mayor sea la coherencia entre la entidad o enjundia de las actividades que se inventaríen, el plan de trabajo que acabe resultando será más equilibrado y, por tanto, más fácil será la asignación o reparto de tareas. Así pues, no se trata tanto de confeccionar una lista de actividades que resulte exhaustiva (siempre que no falte ninguna actividad realmente crítica, claro está), cuanto de que las actividades incluidas presenten un grado homogéneo de complejidad.

Las actividades, en su redacción definitiva (no obligatoriamente durante su proceso de identificación, como se muestra en la figura 9: Actividades de la 1 a la 5) deben comenzar por verbos, es decir, por voces que denotan acción: Analizar, mejor que análisis; redefinir, mejor que redefinición, etcétera. Y si de lo que se trata es del diseño de una campaña de comunicación, expresémoslo así: "Diseñar una campaña…".

Del mismo modo que sucedía durante la identificación de los factores críticos, también ahora el asesor debe evitar digresiones sobre qué viene antes y qué viene después; qué actividad debe realizarse previa, simultanea o posteriormente a cuál otra. Falta poco, pero aún no es el momento para ello.

Figura 9. Identificando actividades

En este punto, el asesor podrá mencionar una interesante característica de las actividades a realizar. Nos referimos a su grado de criticidad, propiedad que deduciremos de la lectura detenida de la matriz CSF-ACT que acabamos de presentar.

La columna de la derecha (que, como puede apreciarse, aún está en blanco al momento de tomar la instantánea en la sala de trabajo) se reserva para indicar el grado de satisfacción[83] con que, en opinión de los participantes, se viene realizando cada una de las actividades. Pues bien, una actividad será tanto más crítica (no lo olvidemos: crítica para la consecución del objetivo final o meta establecida) cuanto:

- mayor sea el número de CSF que dependan de su realización y
- menor sea el grado de satisfacción con el que se viene ejecutando

Pues resulta evidente que, en principio, una actividad que sea necesaria para muchos de los CSF identificados y que se venga realizando de forma altamente insatisfactoria será una actividad cuya mejora es mucho más crítica que la de aquella otra que, repercutiendo en pocos CSF, se esté llevando a cabo a satisfacción de la mayoría.

Este planteamiento, cuajado de sentido común, como tantos otros en este tipo de métodos, es el que nos permite hablar de la 'criticidad de las actividades'. Se trata, en definitiva, de una característica que debe tenerse presente a la hora, ya cercana, y también necesitada de sentido común, de elaborar un plan de trabajo calendarizado.

Una, dos, tres,…actividades. La matriz o tabla CSF-ACT, que nos ha servido para visualizar el entramado de relaciones entre ambas entidades –factores críticos y actividades–, es también la puerta de salida que el asesor deberá señalar para abandonar esta fase de la actuación SIC. Pues un último repaso a la misma, tanto línea por línea, como columna por columna, dejará en el equipo, tras 2-3 horas de trabajo dedicadas a la identificación de una veintena[84] de actividades, el convencimiento de estar realizando un trabajo competente y necesario. En la próxima pausa el asesor aprovechará para recordar que la utilidad práctica de los resultados obtenidos dependerá siempre, y en gran medida, del interés con que la organización se comprometa, interna y públicamente, con el consiguiente calendario de control y seguimiento.

Un plan de trabajo pactado

El esquema-resumen (Figura 10) representa el camino recorrido desde el mismo momento en que el patrocinador manifestara una preocupación hasta que el equipo (patrocinador incluido) consiguió identificar los mimbres con los que construir un plan de trabajo. Un camino durante el que han contado con la ayuda del asesor.

La tarea de elaborar este plan consiste en designar en este momento, ahí mismo, en la sala de trabajo, quién se responsabiliza de qué tarea. Para ello, "quién" y "qué" no ofrecen duda: son nombres y apellidos unidos a las tareas identificadas.

Y en cuanto a lo de responsabilizarse, el asesor debe insistir en que es el momento de pactar el "cuándo" (fechas) pero no el "cómo". Pues responsabilizarse significa, para quien acepta hacerse cargo de una actividad:

• Habérselas por sí mismo para determinar "cómo" podrá hacer el trabajo

• Desglosar en sub-actividades la ACT a su cargo

- Realizar, en primera persona, las sub-actividades cuya realización decida no delegar

- Coordinar la realización de las sub-actividades cuya realización haya confiado a otros profesionales, así propios como externos

- Cumplir con las fechas pactadas, de comienzo, seguimiento/ control y finalización

- Presentar en cada momento el estado del proyecto ante quien se determine debe hacerlo

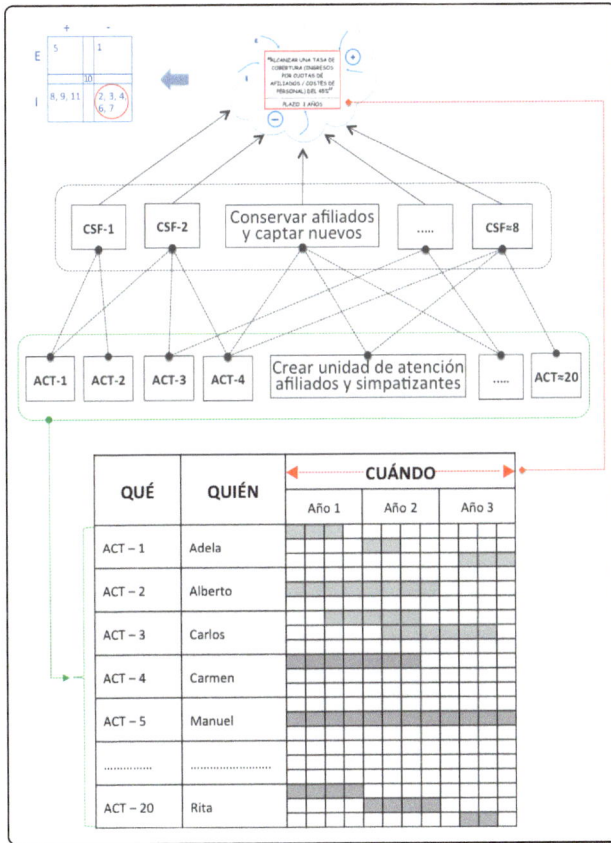

Figura 10. Plan de trabajo: Esquema-resumen

Quiere ello decir que, en una actuación SIC, no se define el "cómo" pues se deja a cada responsable libertad para que se organice como crea conveniente hacerlo. Se trata de una fórmula afín –dirán los amantes de la jerga propia de la administración de empresas– a las técnicas de 'dirección por objetivos'.

Por otra parte, en lo que se refiere al plazo de ejecución previsto para alcanzar el objetivo final o meta, ha llegado el momento de hacer, permítasenos decirlo así, 'la prueba del algodón'. El haber convenido un plazo ha hecho posible que las deliberaciones –desde la identificación de las influencias dominantes hasta este mismo momento– se mantuvieran dentro de un único horizonte temporal, el mismo en todas las fases. Pero ello no garantiza que todas las actividades identificadas, cronológicamente ubicadas, incluso teniendo en cuenta las que pueden realizarse simultáneamente o en paralelo, acaben 'cabiendo' dentro del plazo previsto[85]. Sea como fuere, es evidente que en el documento final habrá de figurar el plazo que haya resultado finalmente.

Llegado este punto, el asesor deberá recordar un mensaje que, ya en el comienzo de la jornada, fue introducido tanto por el patrocinador como, después, por él mismo. Nos referimos a los **dos resultados** que al principio ambos anunciaron y, ahora están ahí, a la vista de todos, gracias al trabajo en equipo, a saber:

1. **Un plan de trabajo para alcanzar una meta concreta**
2. **Un método concreto para elaborar planes de trabajo**

Lo primero implica que:

- Se han puesto de acuerdo sobre quién debe hacer qué y cuándo. Se trata de un plan de trabajo pactado que, con razonable dosis de seguridad, les garantiza que pueden conseguir su propósito.

- Han sabido concentrarse sobre los aspectos relevantes de una cuestión compleja, en la que intervienen muchas variables relacionadas entre sí por cuantiosos vínculos y, por lo mismo, implica también que han sabido dejar lo accesorio en un segundo plano.

Lo segundo supone que:

- Han sabido desarrollar una forma de hacer, un lenguaje común y fortalecedor de la cultura organizativa, en tanto que aumenta la capacidad del partido político para resolver problemas internos y enfrentarse a los cambios del entorno en que operan.

- Podrán aplicarlo a cualquier otro asunto que en un futuro, inmediato o lejano, consideren importante para sus intereses como organización humana al servicio de los del conjunto de la sociedad.

Sobre lo primero, con lo expuesto hasta aquí damos por cumplido lo que estaba previsto incluir en esta primera versión del libro. El siguiente y último apartado está dedicado a aplicar el segundo de estos dos aspectos a un asunto tan específico como ambicioso: el diseño y creación del sistema de indicadores de calidad de la organización de que se trate, un partido político, por ejemplo.

Calidad y sistema de indicadores

Este último tramo[86] estará dedicado a exponer un decálogo de preguntas con sus correspondientes respuestas. Preguntas y respuestas que creemos básicas para el desarrollo de un sistema de indicadores de calidad en un partido político. Estas son las cinco primeras preguntas del decálogo que el asesor habrá de presentar a los miembros del equipo:

1. ¿Qué entendemos por índice?

2. ¿Qué entendemos por indicador?

3. ¿Qué entendemos por calidad?

4. ¿Qué entendemos, pues, por índice de calidad?

5. ¿Qué entendemos, pues, por indicador de calidad?

EJERCICIO 2011

PÉRDIDAS Y GANANCIAS

GASTOS	TOTAL
Gastos de Informes y Estudios	3.473.163,48
Arrendamientos	5.609.942,08
Reparaciones y Mantenimientos	1.530.217,94
Profesionales Independientes	4.844.138,40
Transportes	1.076.679,81
Seguros	468.713,88
Servicios Bancarios y similares	346.678,45
Publicidad / Relaciones Publicas	41.451.270,05
Suministros	3.546.041,26
Otros Servicios	29.643.048,81
SERVICIOS EXTERIORES	91.989.894,16
Otros Tributos	297.199,07
TRIBUTOS	297.199,07
Sueldos y Salarios	25.314.809,78
Indemnizaciones	170.098,28
Seguridad Social c/Partido	5.349.340,59
Colaboraciones	3.853.593,44
Otros Gastos Sociales	[illegible]
GASTOS DE PERSONAL	34.839.938,57
Intereses Deudas C/P	2.805.225,39
Intereses por descuento efectos	0,00
Otros Gastos Financieros	1.195,59
GASTOS FINANCIEROS	2.806.420,98
Perdidas del Inmovilizado	77.177,80
Gastos Excepcionales	692.466,58
PERD / GASTOS EXCEPCIONALES	769.644,38
Amortización del inmovilizado	2.686.112,85
DOTAC PARA AMORTIZACIONES	2.686.112,85
TOTAL GASTOS	133.389.210,01
RESULTADO OPERATIVO	2.196.015,56

INGRESOS	TOTAL
Subvenciones Electorales	49.297.859,61
Otras Subvenciones	70.731.440,90
INGRESOS POR SUBVENCIONES	120.029.300,51
Otros ingresos	0,00
Ingresos por Arrendamientos	76.233,06
OTROS INGRESOS GESTIÓN	76.233,06
Descuentos s/ Compras	0,00
Otros Ingresos Financieros	232.791,09
INGRESOS FINANCIEROS	232.791,09
Beneficios del Inmovilizado	0,00
Ingresos Excepcionales	797.951,01
BCIOS/INGRESOS EXTRAORD.	797.951,01
Ingresos por Cuotas	12.303.879,35
Ingresos por Donativos	2.145.070,55
OTROS INGRESOS	14.448.949,90
TOTAL INGRESOS	135.585.225,57

BALANCE DE SITUACIÓN

ACTIVO	TOTAL
Inmovilizaciones Intangibles	1.720.384,22
Inmovilizaciones Materiales	90.878.055,50
Inmovilizaciones Financieras	1.370.354,53
Amortización Acumulada	-24.059.727,11
INMOVILIZADO NETO	69.909.067,14
Deudores	7.917.222,95
Caja Euros	157.225,20
Bancos Cuentas Corrientes	19.940.406,46
Inversiones Financieras C/P	2.458.820,98
Admins. Publicas Deudoras	33.421.980,41
Ministerio del Interior Deudor	0,00
ACTIVO CIRCULANTE	63.895.656,00
TOTAL ACTIVO	133.804.723,14
RESULTADO OPERATIVO	2.196.015,56

PASIVO	TOTAL
Resultados Ejercicios Anteriores	43.785.946,03
Fianzas Recibidas a L/P	1.200,50
Deudas L/P Prestamos Recibidos	48.581.396,64
FINANCIACION BASICA	92.368.543,17
Prestamos Recibidos Ent.Credito	29.318.576,58
Acreedores por Prestacion Servicios	6.837.149,37
Personal	111.471,98
Administraciones Publicas Acreedoras	2.431.286,18
Ministerio del Interior Acreedor	541.680,30
PASIVO CIRCULANTE	39.240.164,41
TOTAL PASIVO	131.608.707,58

Incluye las contabilidades electorales de las Elecciones Generales, Municipales y de las Elecciones Autonómicas celebradas en 2011.
Cuentas Anuales pendientes del informe definitivo del Tribunal de Cuentas

Figura 11. El caso del Partido Popular

1. Índice

Se entiende por índice la expresión de la medida de algo. Para poner un ejemplo, el asesor podrá pedir la colaboración del patrocinador. Y éste puede mostrar un valor, 35 %, con el que se expresa lo siguiente: Los Ingresos por Cuotas recogidos en la Cuenta de Pérdidas y Ganancias del partido (12.303.879,35 €) equivalen al 35 % de lo que, en ese mismo ejercicio 2011, el partido consignó como Gastos de Personal (34.839.938,57 €)[87].

En este ejemplo, el índice es la "Relación entre ingresos por cuotas de afiliados y los gastos de personal" y el valor que adopta este índice, en este partido, en el Ejercicio 2011, es 35 %. Esto es lo habitual: que un índice exprese la "relación entre dos cantidades". A este tipo de índices 'relativos' se les suele designar también por estos otros nombres: ratio, razón o tasa. Aquí, por ejemplo, hablamos de la tasa de cobertura para referirnos a la proporción en que los ingresos por cuotas cubren los gastos de personal.

Lo que entendemos por índice no siempre tiene porqué referirse a la relación entre dos cantidades. Así, la experiencia internacional que una persona acredita tener puede ser un hecho que nos interese medir. Y como unidad de medida de la experiencia internacional de una persona podemos adoptar, por ejemplo, el tiempo que ha vivido y trabajado ininterrumpidamente fuera de su país. En este caso, el índice (aquí no cabe hablar de tasa, razón o ratio) es "Experiencia internacional", la unidad de medida "tiempo" y el valor para Fulano en un momento dado, 6 meses ó 0,5 años, pongamos por caso.

En cuanto a la naturaleza de los objetos o fenómenos que queremos analizar, cabe hablar de índices (relativos o absolutos) en tres áreas (Figura 12). Estas tres áreas se corresponden con los tres factores de producción que, convenientemente combinados, utiliza cualquier tipo de organización humana para prestar sus servicios y elaborar sus productos[88].

Nos referimos al área relativa a las cuestiones económico financieras, al área que concierne a los recursos humanos y a una tercera en la que podemos considerar englobados los asuntos organizativos en el más amplio sentido de la expresión.

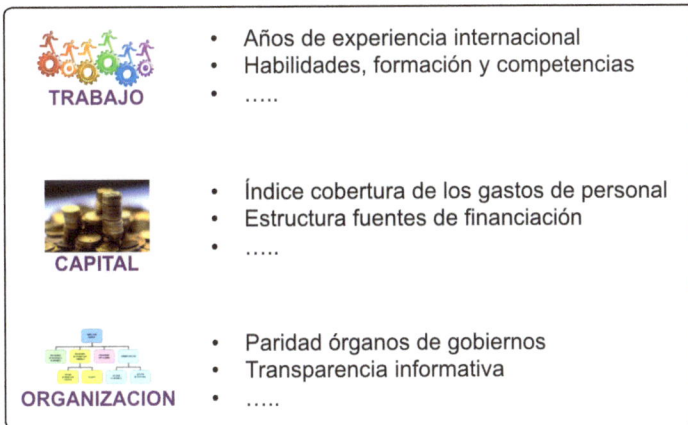

TRABAJO
- Años de experiencia internacional
- Habilidades, formación y competencias
- .....

CAPITAL
- Índice cobertura de los gastos de personal
- Estructura fuentes de financiación
- .....

ORGANIZACION
- Paridad órganos de gobiernos
- Transparencia informativa
- .....

Figura 12. Diferentes índices

En suma, por índice entendemos esto: la expresión (habitualmente numérica) de algo que hemos medido en cualquier rincón de una organización. O bien, como hemos señalado, también puede entenderse por índice la relación que resulta de comparar las mediciones que se han hecho de dos cosas o fenómenos. Algo que, en ningún caso, debemos confundir con lo que entendemos por indicador.

2. Indicador

Se entiende por indicador, ya no una medida, sino un instrumento. Una herramienta, un utensilio, o como queramos designarlo, que sirve para indicar algo (Figura 13)[89]. A los efectos que aquí nos ocupan, un indicador será algo tan concreto como esto: un objeto, un soporte, que el partido político decide emplear para mostrar aspectos que le interese dar a conocer.

El instrumento que empleemos puede ser físico y, también, digital, algo trivial hoy día. En este punto, el asesor tiene pocas cosas más que añadir, como no sea este otro aspecto igualmente elemental: Es aconsejable velar siempre por la adecuación entre el objeto elegido como indicador y los mensajes (determinados índices, por ejemplo) que se deseen transmitir o dar a conocer. Algo sobre lo que el asesor habrá de insistir de nuevo más adelante.

Figura 13. Indicador

3. Calidad

Calidad no es ni una medida ni un instrumento; es un concepto que puede interpretarse, en resumidas cuentas, de dos formas:

- Decimos que algo nos parece de calidad, o que tiene calidad, para referirnos a sus propiedades, buenas o malas. Cuando nos expresamos así entendemos por calidad la "Propiedad o conjunto de propiedades inherentes a algo, que permiten juzgar su valor. *Esta tela es de buena calidad*", como se recoge en la edición 22.ª, publicada en 2001, del diccionario de la lengua española.

- O bien hablamos de calidad para referirnos a la "Adecuación de un producto o servicio a las características especificadas. *Control de la calidad de un producto*", como ¡por fin! se recoge en el avance de la vigésima tercera edición[90] del mencionado diccionario. Así pues, según esta segunda acepción, entendemos que algo es de calidad cuando cumple con las especificaciones requeridas. Y, en concreto, si ese algo es un fenómeno o proceso, entonces hablamos de su calidad para indicar en qué medida se está desarrollando de acuerdo con lo previsto o, por el contrario, se está apartando de ello.

Sin duda, la primera de estas dos acepciones está mucho más y mejor instalada entre nosotros. Quizá sea ésta una de la principales razones por las que el concepto de calidad sobre el que se levanta SIC esté aún en proceso de ser aceptado plenamente[91]. Pues cuando hablamos de calidad en el contexto que venimos haciéndolo estamos interpretando este concepto de la segunda de las dos formas enunciadas: para referirnos al grado de cumplimiento de algo previamente convenido.

El asesor podrá proponer en este momento algunas imágenes de la vida cotidiana –sugerentes metáforas– que ayuden a fijar esta segunda acepción del concepto de calidad. Le proponemos estas dos: la idea de la puntualidad y la distinción que supone merecer una bandera azul, como es el caso de muchas playas y muchos puertos deportivos españoles. Veamos.

Figura 14. Puntualidad

La idea de puntualidad (Figura 14) es tan común como, en algunas sociedades, incumplida. En cualquier caso, cuando dos personas se dan citan establecen un convenio entre ellas. Una persona es puntual, o actúa con puntualidad, cuando acude a la cita a la hora convenida o dentro del margen de desviación que en cada cultura se entiende como aceptable. Por el contrario, el comportamiento de una persona no se distingue por su puntualidad cuando llega al lugar del encuentro fuera de todos los márgenes (ninguno, breve o amplio) socialmente admitidos.

La segunda imagen elegida (Figura 15)[92] permitirá al asesor, en combinación con la primera, introducir un matiz importante. Así como la puntualidad implica el previo establecimiento de un acuerdo entre, pongamos por caso, dos personas, la bandera azul –también como metáfora de calidad– supone el establecimiento de unos criterios, pero ya no por parte de ninguno de los actores en juego. Pues en este segundo ejemplo los criterios son fijados por terceras personas, es decir, por expertos que podríamos llamar 'externos' o 'independientes'.

En ambos casos, estamos hablando de calidad según la segunda de las dos acepciones que hemos introducido: la que se refiere al cumplimiento o adecuación a las "características especificadas", en este caso, una hora determinada y la salubridad de las aguas.

Figura 15. Bandera azul

Reloj y bandera son metáforas de la calidad según aquí la entendemos, solo que, en el mundo SIC ni hay acuerdo entre partes (entre partido político y ciudadanía), ni hay expertos ajenos, independientes o externos que determinen la condición a cumplir. Pues es únicamente el propio partido político quien toma la determinación de citarse consigo mismo para elegir las cotas o metas que, en cada rincón de su organización, decide alcanzar. "El partido –nadie externo a él– ha decidido qué mejoras introducir y en dónde", podrá decir en este momento el asesor.

4. Índice de calidad

Esta es una buena ocasión para que el asesor pida, de nuevo, la colaboración del patrocinador. De este modo, con los índices del partido –en este caso, índices contables– aportados por éste y las ideas que acaban de ser expuestas, el asesor podrá presentar un ejemplo concreto y real de lo que se entiende por 'índice de calidad'.

En la figura 16 se representa la evolución de la tasa de cobertura, en términos numéricos y gráficos, según los datos disponibles. Fue esta realidad la que inspiró al patrocinador proponer la meta sobre la que el equipo, él incluido, ha estado trabajando durante esta jornada SIC.

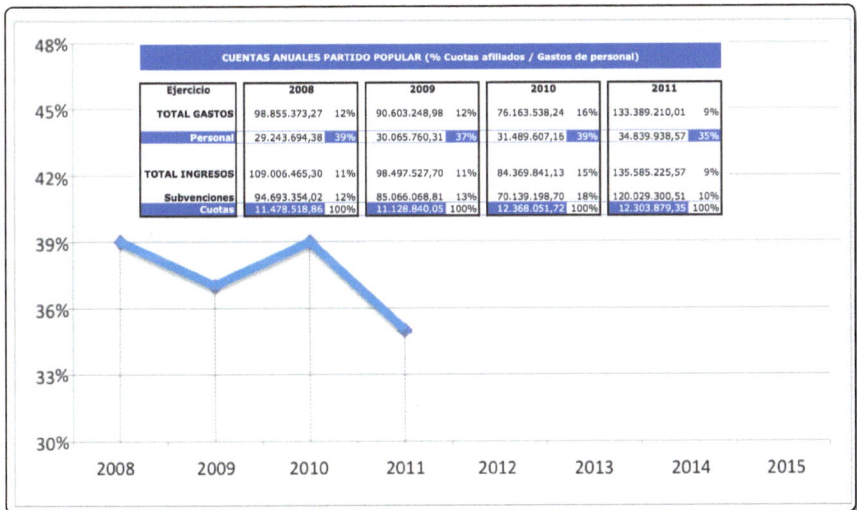

Figura 16. Evolución de la tasa de cobertura

Pues bien, se entiende por índice de calidad cualquier medida, gráfica o numérica, como de cualquier otro tipo, que ayude a visualizar cómo la organización se está acercando a –o desviando de– los objetivos que ella misma se propuso alcanzar en los plazos convenidos.

En estos momentos puede resultar apropiado –la experiencia dice que, en determinadas ocasiones, sí lo es– que el asesor anime a los miembros del equipo a que 'se separen' del ejemplo que les está siendo presentado, por familiar que les pueda resultar. Es importante evitar que los árboles les impidan ver el bosque, es decir, que tanto cálculo, tanto gráfico y tanto detalle les cause desconcierto y pierdan de vista la esencia de la cuestión: Qué se entiende por 'Índice de calidad'. Y esto no es otra cosa –no ha de temer el asesor ser reiterativo en este punto– que una medida que nos permite visualizar en qué grado vamos bien encaminados o, por el contrario, nos estamos separando de la meta que queremos alcanzar (trazo rojo, figura 17) y, consecuentemente, la nueva previsión (trazo morado).

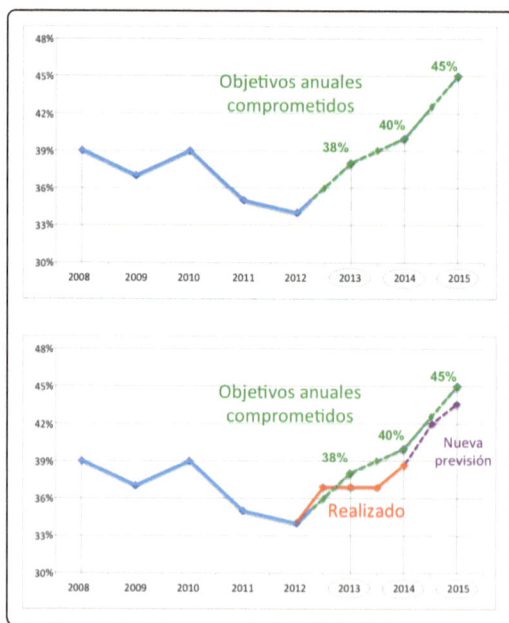

Figura 17. Realizado *versus* Comprometido

Para comprometerse con el futuro, cada partido elegirá la forma que más se adecue a sus usos, estilos y costumbres. Enseguida expondrá el asesor cómo se hace eso, si bien es de presumir que a estas alturas, a punto de concluir el encuentro, los participantes ya adivinan la respuesta.

De momento, no estará de más recordar todo lo que significa y lleva implícito el hecho de que una organización –un partido en este caso– decida emprender el camino de la mejora continua de sus procesos, y no sólo económico financieros, sino también los que se desarrollan en las áreas de recursos humanos y de organización.

He aquí un resumen que puede resultar útil para la ocasión[93]. Cuando un partido político anuncia su voluntad de acometer semejante empeño de modernización de su cultura organizativa, está comunicando muchas cosas, entre otras:

- Que quiere y sabe identificar y seleccionar posibilidades de mejorar, como era el caso de la tasa de cobertura o es este otro ejemplo representado en la figura 18: el de un partido que no está satisfecho con la baja experiencia internacional de sus dirigentes.

Figura 18. Otros índices. Años de experiencia internacional

- Que quiere y sabe determinar en qué grado o cuantía se propone solucionar las oportunidades y los problemas identificados, así como los plazos en que cree viable conseguirlo

- Que quiere y sabe cómo 'ir corrigiendo el tiro' durante el proceso de mejora, es decir, cómo ir tomando las medidas que crea necesarias para conseguir el objetivo marcado en el tiempo convenido

- Que quiere y sabe analizar, en el caso de no alcanzar los objetivos en el plazo establecido, los motivos de la desviación, tanto se trate de objetivos mal establecidos como de una ejecución deficiente de las medidas previstas

- En definitiva, el partido político está anunciando que quiere y sabe cómo dejar preparado el camino de la mejora continua, pues una vez alcance una meta, marcará otras nuevas

5. Indicador de calidad

Es un instrumento del que se vale el partido para dar a conocer determinados mensajes en materia de calidad a diferentes públicos. Veamos de qué públicos y de qué mensajes estamos hablando.

- **Los destinatarios** a los que van dirigidos los mensajes son de dos tipos:

  – Los externos a la propia organización del partido, en mayor o menor grado de agregación, desde la sociedad en general hasta grupos de simpatizantes, pasando por colectivos ciudadanos de tal o cual naturaleza

  – Los internos, en mayor o menor grado de implicación, desde los miembros del propio 'aparato del partido' hasta los afiliados, pasando por colaboradores, así físico como jurídicos, con diferentes grados de implicación

- El asesor hablará en segundo lugar de **los diferentes mensajes** que un partido puede estar interesado en difundir en materia de calidad. Son fundamentalmente de dos tipos, a saber:

- Su política, es decir, las orientaciones o directrices que rigen su actuación en el campo de la mejor continua. En este capítulo cabe, a su vez, distinguir estos dos tipos de mensajes:
  - ◆ Cuáles son los campos (Capital, Trabajo, Organización) en que el partido está activo, es decir, los campos en que tiene en marcha, o al menos en estudio, un proceso de mejora continua
  - ◆ Cuáles son las vías de acceso que puede utilizar cualquier ciudadano interesado en conocer la forma en que se están realizando los trabajos de mejora continua
- Sus logros, es decir, el estado o, si se prefiere, los valores que, en un determinado momento, presentan los índices de calidad en cada una de las áreas en que el partido político es activo

- Por último, el asesor enumerará los diferentes **tipos de instrumentos** que los partidos pueden utilizar a los efectos que nos ocupan. Como ya se anticipó, cabe hablar de:
  - Instrumentos físicos o analógicos, desde pósteres colgados en las paredes de los pasillos y despachos, en las salas de reuniones o recibidores de las sedes de los partidos políticos hasta, pongamos por caso, vallas publicitarias contratadas durante una campaña electoral (Figura 19). Son muchos los medios de este tipo que cabe imaginar; medios que sirven para transmitir la imagen de un partido comprometido con el futuro por vía de la mejora continua de su cultura organizativa

Figura 19. Tiempo de elecciones. Indicadores de calidad de partidos políticos

– Instrumentos digitales. Si amplias son las posibilidades del anterior capítulo, en este segundo se nos antojan innumerables, desde pantallas de plasma a las más variadas aplicaciones sobre la materia que pueden alojarse en los portales y páginas Webs de los partidos, para no importa qué tipo de terminales, así fijos como móviles, dispositivos "wearables" incluidos.

En este punto, el asesor habrá alcanzado el ecuador del decálogo de preguntas y respuestas que viene exponiendo. Antes de cruzarlo, puede hacer un pequeño alto para llamar la atención del equipo sobre la importancia que tiene la siguiente cuestión: Cómo acertar en el diseño de los símbolos que el partido elija para transmitir este tipo de mensajes a sus diferentes públicos. Es el momento de introducirles en el mundo de la semiótica visual[94]. En la Asociación por la Calidad y Cultura Democráticas hemos venido utilizando de forma provisional el símbolo internacionalmente reconocido del juego de luces con que se regula el tráfico rodado: los semáforos (Figura 20)[95]. En este campo queda mucho por imaginar, ensayar y proponer.

Las siguientes preguntas completan el decálogo y pondrán fin a esta última intervención del asesor, lo que dentro de unos minutos dará paso a la clausura de la jornada a cargo del patrocinador.

6. ¿Qué entendemos por sistema de indicadores de calidad?

7. ¿Qué entendemos por sistema de indicadores de calidad de un partido?

8. ¿Puede la práctica SIC "devolver la credibilidad y el prestigio a la política"?

9. ¿Cómo podría desarrollar un partido su sistema de indicadores de calidad?

6. Sistema de indicadores de calidad

Un sistema de indicadores de calidad no es ni una medida, ni un instrumento, ni un concepto; es un conjunto de reglas o principios[96]. Principios que, racional y ordenadamente enlazados entre sí, contribuyen a mejorar de forma permanente los hábitos de trabajo de una organización. Y reglas que, por tanto, fortalecen la cultura de toda clase de asociaciones entre mujeres y hombres que comparten objetivos y valores. Esto es lo que se entiende por sistema de indicadores de calidad en cualquier tipo de organización humana. ¿Y en un partido?

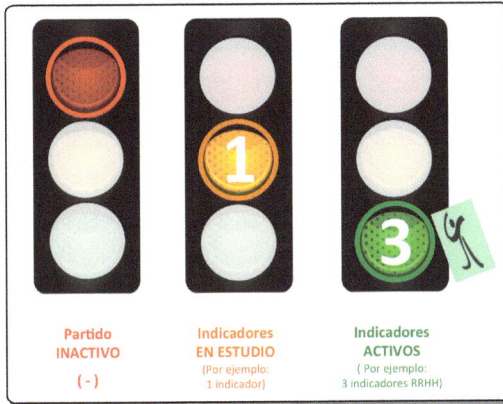

Figura 20. Una propuesta de leyenda SIC

7. Sistema de indicadores de calidad de un partido político

Parece aconsejable que ahora el asesor, en lugar de exponer, pregunte y se disponga a escuchar atentamente. Pues es el momento de tener en consideración opiniones expertas sobre un extremo en verdad importante: ¿Cuáles son las razones por las que se considera improbable que un partido se avenga a practicar este tipo de reglas o principios? ¿A qué se debe esta creencia? ¿Por qué se encuentra tan extendida? ¿Es en la razón de ser de los partidos políticos donde hay que buscar las respuestas? ¿O, acaso, es el universo de intereses que mueven a quienes se dedican al noble arte de la política el lugar adecuado para salir de dudas? ¿O una combinación de ambas? ¿O ninguna? ¿Son, en cualquier caso, razones que enaltecen o, por el contrario, arrojan sombras sobre la condición humana? ¿O ni una cosa ni la otra: son motivos que, pura y simplemente, revelan una fotografía nítida de lo que somos y cómo actuamos?

En la Asociación por la Calidad y Cultura Democráticas opinamos que no existen razones de peso para negar la entrada de las ciencias de la administración, ética empresarial incluida, en el mundo de la política. Es, por tanto, la ocasión para que el asesor tome nota, aprenda, y enriquezca su acervo de conocimientos sobre la naturaleza y el comportamiento de los partidos políticos. Es tiempo, en suma, de preguntar y escuchar, ahora que únicamente le quedan dos cuestiones cuyas respuestas está esperando conocer el equipo, aunque la novena y última ya la presuman obvia sus miembros. De momento, la octava puede servir de contrapeso a lo que, posiblemente, acaba de decirse y escucharse en la sala.

8. ¿Puede la práctica SIC "devolver la credibilidad y el prestigio a la política y a los políticos"?

Definitivamente sí. Por supuesto que SIC no es condición suficiente; ni siquiera compite por ser prioritaria pero, sin duda de ningún género, es algo necesario. Sí, definitivamente sí. Pues por pequeña que sea esta necesidad, sin la incorporación de este tipo de prácticas a la cultura organizativa de los partidos políticos (viejos o nuevos), no será posible (volver o empezar) a creer en ellos.

Tras este contundente arranque, recomendamos al asesor que recuerde, aun en términos telegráficos, los beneficios que para todos, partidos políticos y sociedad, pueden derivarse de la adopción de la filosofía y la práctica SIC. Así, el asesor podrá recuperar los esquemas e ideas que, debatidos con el patrocinador, le permitirán ahora ofrecer el siguiente resumen de beneficios:

- Los beneficios que el partido **obtendrá de** los electores: mejores expectativas de voto

- Los beneficios que el partido **recogerá para sí** mismo: mejor cohesión interna y adaptación al entorno

- Los beneficios que el partido **proporcionará a** la sociedad, pues podrá ayudar al fortalecimiento de la democracia y del clima de ejemplaridad pública

Salvo que al partido político le resulte irrelevante su papel como actor con responsabilidades hacia la sociedad en la que opera y, por tanto, únicamente le interese ésta como vía para legitimar formalmente su acceso al poder, salvo que sea éste el caso, ha llegado el momento de desgranar mensajes, razones o argumentos que permitan visualizar con claridad cómo la *Recomendación CCD*, es decir, el establecimiento del método de trabajo SIC en los partidos políticos puede "devolver la credibilidad y el prestigio a la política y a los políticos, que claramente lo han perdido"[97]. ¿Cuáles son estos mensajes?

De entre los diversos argumentos que viene elaborando esta Asociación –entre otras cosas, por eso y para eso se creó–, aconsejamos al asesor que concentre toda su capacidad de convicción en tres. Y le animamos a que los presente no sin antes apelar a la imaginación de los miembros del equipo, es decir, no sin antes invitarles a que imaginen como reales los tres escenarios ideales que les va a presentar. Tres escenarios que puede anunciar y enunciar así:

I. La moda de la transparencia
II. El predominio de la normativa
III. Los 'otros' como razón de uno mismo

El primer escenario lo ocupan las organizaciones que, además de ser escrupulosamente transparentes con su pasado, están decidida y públicamente comprometidas con el futuro (Figura 21), es decir, con la mejora permanente de la calidad de sus actividades.

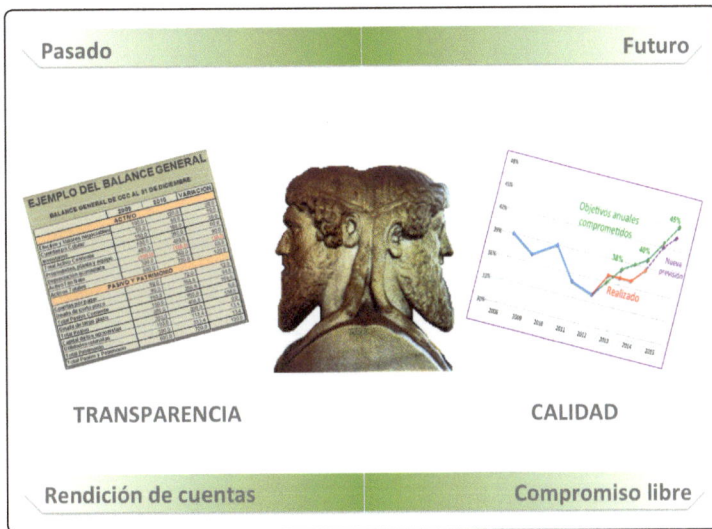

Figura 21. Hacia la izquierda, la moda de la transparencia

Es frecuente que este planteamiento ideal provoque reacciones en contra, algo que no debe coger desprevenido al asesor. "Transparencia y calidad son la misma cosa; no sé a qué viene hablar de ellas por separado" suele ser la réplica. Las imágenes que acompañan estas líneas reforzarán las explicaciones del asesor, argumentos que éste puede conseguir en diversos textos producidos por la Asociación por la Calidad y Cultura Democráticas[98]:

"Transparencia y calidad no son conceptos ni métodos similares, sino diferentes y complementarios. Bajo la 'tormenta perfecta' de nuestros días (exceso de información + ausencia de reflexión), los confundimos; no hay capacidad ni tiempo para más. Confundimos transparencia y calidad en lugar de fundirlos en una única estrategia bicéfala.

"La transparencia dirige su mirada hacia el pasado y, con luz y taquígrafos, descubre quién hizo qué para exigirle responsabilidades. Y nuca con nuca, este dios Jano[99] mira también hacia el futuro. Y lo hace para mejorar la calidad del funcionamiento institucional, desde mañana a las 8 am hasta alcanzar dentro de plazo, paso a paso, los objetivos comprometidos.

"Ambas miradas se necesitan. Porque transparencia sin calidad, calidad sin transparencia, son discursos tramposos. La transparencia sin calidad es un eslogan demagógico que está haciendo fortuna. Y como gigantes con pies de barro serían las prácticas de calidad institucional construidas sobre un pasado opaco y corrupto.

Figura 22. Los dos componentes de la regeneración política: Transparencia y Calidad

"La transparencia es una exigencia ineludible y representa el control que ejerce la sociedad sobre las instituciones. Mientras que la calidad es un compromiso interno, libremente adoptado y hecho público por las instituciones".

La tabla 2 x 2 que reproducimos aquí (Figura 22)[100] es otra forma de representar la doble mirada de Jano, y el camino ideal trazado en ella describe la ruta que, a nuestro entender, deberían recorrer tanto los partidos políticos con vocación de futuro como las instituciones y órganos del Estado.

Sí, todos los caminos conducen a Roma, pero el aquí sugerido necesita, para ser transitado, de dos componentes o vectores: transparencia por supuesto, y calidad también. Entre otros muchos motivos porque, en ocasiones, a lo que conduce la demagogia de los eslóganes es al deterioro de las agencias expedidoras de diplomas de transparencia, al descrédito de las instituciones que los reciben y al sonrojo, cuando no a la dimisión, de los líderes de unas y otras, como el conocido caso aquí referido[101].

El asesor puede acabar del siguiente modo *La moda de la transparencia*, el primero de los tres contextos. En un escenario como éste –dirá–, enmarcado entre ambas dimensiones, transparencia y calidad, se daría un clima de muchísimo más respeto hacia la política y los políticos que en el que estamos corriendo el riesgo de caer hoy, cuando por no discutir lo indiscutible –se precisa transparencia– ésta acabe convirtiéndose en una forma de legitimar el pasado al precio de escamotear el futuro.

El segundo escenario lo ocupan las organizaciones que, por una parte, cuentan con toda suerte de normas, desde estatutos y reglamentos hasta disposiciones y medidas, con sus correspondientes sanciones en caso de incumplimiento. Y que, por otra parte, junto a esta vocación por lo normativo, fueran organizaciones que también fomentan la perseverancia que se precisa para comprobar cómo se están haciendo las cosas y, sobre todo, estudian el modo de mejorarlas, saben cómo hacerlo y lo hacen.

El esfuerzo de imaginación que el asesor pidió a los miembros del equipo es para esto: para que imaginen una arquitectura institucional compuesta por entidades que practican tanto una faceta como la otra, tanto el anuncio o estreno de nuevas medidas legales como el mantenimiento de lo conseguido. Sí, el asesor animará a los presentes a que sueñen con una sociedad en la que el gusto por anunciar y estrenar estuviera acompañado del empeño por conservar y mantener. Una sociedad que diera por descontado que no sólo las *cosas* se deterioran, sean éstas infraestructuras, piezas, aviones o edificios. Sí, una sociedad en la que lo habitual fuera responsabilizarse, además de la obsolescencia de los artefactos, del deterioro de los *fenómenos*, es decir, de las conquistas que ocupan tiempo y no sólo espacio, como son, por ejemplo, las organizaciones humanas, privadas y públicas.

Un escenario, en fin, en el que lo normativo no relegara ni ocultara lo indispensable que es el análisis y la mejora cotidiana, como tampoco la transparencia sirve para disimular lo imprescindible que resulta la calidad. Tal es el escenario ideal en el que, sin duda, la política y los políticos merecerían el crédito y adquirirían el prestigio que perdieron. Un escenario muy diferente del actual. Por eso el asesor pidió al comienzo un esfuerzo de imaginación a los miembros del equipo.

En este momento, el asesor podrá elegir un ejemplo que ayude a fijar las ideas. He aquí un caso reciente y oportuno (Figura 23).

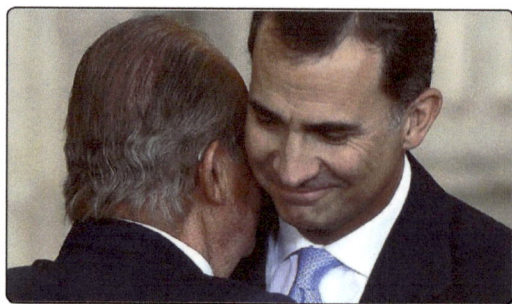

Figura 23. Predominio de la normativa

El portavoz de la Casa del Rey comunicó un conjunto de normas[102,103], entre las que destacamos las siguientes: Auditoría externa; Incompatibilidades; Control sobre regalos; Código de conducta y Asesoramiento jurídico.

En opinión de algunos analistas, se trata de "todo un compromiso programático de integridad institucional"[104], cuando en verdad no estamos sino ante una condición necesaria, sí, pero en modo alguno suficiente. Pues por mucho que los líderes hagan su trabajo, si no permanecen atentos a los efectos del tiempo, éste se encargará de hacer el suyo. Por eso, para garantizar la integridad, honestidad y transparencia de las instituciones, no es suficiente con anunciar normas, porque el paso del tiempo comporta inexorable deterioro.

Ante el predominio de la normativa –el asesor podrá, para acabar, enfatizarlo de nuevo–, debemos reivindicar la importancia de mejorar los procesos permanentemente, sabiendo además que, si se actúa antes de que el deterioro resulte irreparable, los costes finales serán menores.

Claro está que la voluntariedad no puede ser ni regulada por ley ni fruto de la presión social. Recomendamos empezar de este modo la exposición del **tercer y último escenario**, el que se refiere a 'los otros' como razón de ser uno mismo. Porque entre los rasgos que caracterizan el comportamiento de los partidos políticos destacamos éste: hacen, o dejan de hacer, en función del otro, es decir, de su adversario político, así como se frenan o se mueven según sea la presión de los otros, es decir, de los ciudadanos.

En este sentido, son los partidos políticos como realidades que vivieran impresas en el negativo fotográfico de su entorno, un entorno compuesto por sus grupos de interés, sean estos competidores, proveedores o clientes, permítansenos la metáfora y la jerga. O al menos, todo sucede como si así fuera. Y debe suceder de tal modo, por supuesto. Pero no sólo así.

Figura 24. Los "otros"

De nuevo, el asesor reforzará sus argumentos con el poder de las imágenes que reflejan hechos reales y frecuentes. Sugerimos un par de fotografías.

Por una parte, la de los líderes políticos (Figura 24), en plena campaña electoral o no, da lo mismo, dirigiéndose a sus fieles para convencerles de 'lo suyo' con argumentos sobre 'el otro', una estampa inútil y habitual hasta la hartura[105]. Representan escenas casi tan frecuentes hoy día como las manifestaciones en las que, *mareas* aparte, los ciudadanos muestran su indignación, una rabia que va dirigida hacia unos y otros, es decir, tanto hacia los que malgastan su tiempo hablando de su supuesta superioridad moral, como hacia quienes esgrimen los mismos argumentos pero en sentido contrario.

Porque hemos llegado a un punto en el que los indignados no se sienten representados ni por unos ni por otros, como recoge la segunda de las fotografía (Figura 25). Sí –podrá insistir el asesor–, debe suceder así, por supuesto. Pero no hasta el punto en el que este natural juego de contrapesos, de orígenes remotos, anule la propia voluntad de los partidos.

Figura 25. 25S: No nos representan

Es considerable, como se vio, el esfuerzo de imaginación necesario para figurarse un escenario institucional compuesto por organismos, entidades y partidos que compatibilicen transparencia y calidad, normativa y acción. Pues bien, ahora será preciso un atrevimiento aún mayor, si cabe. Porque, sin duda, se necesita mucho arrojo para imaginar una organización humana, un partido político en concreto, que *motu proprio* –de forma libre y espontánea, sin responder a petición previa– decida incorporar a su cultura el gusto por mejorar continuamente su tradicional forma de hacer las cosas.

Mas no por ello deberá el asesor renunciar a presentar este escenario como un horizonte que merece la pena imaginar. Aunque solo fuera porque allí donde **transparencia, normativa y presión social** confluyen con **calidad, acción y voluntariedad**, allí, la política y los políticos tendrán, sin duda, muchas posibilidades de recuperar la "credibilidad y el prestigio que claramente han perdido"; muchas más que si permanecen indiferentes ante el déficit de ejemplaridad pública provocado, entre otras causas, por ellos y que caracteriza nuestra época.

Ha llegado el momento de responder la novena y última de las preguntas que en la Asociación por la Calidad y la Cultura Democráticas consideramos básicas para el desarrollo de un sistema de indicadores de calidad en un partido político.

Mientras se dispone a proyectar la respuesta –y dando por descontado que no va a descubrir al equipo nada que el equipo no esté esperando escuchar–, el asesor no dejará de pensar en la última de las imágenes utilizadas. Porque sabe que es ahí, en algo tan antiguo y tan actual como la frontera que se interpone entre los representantes electos y los electores representados, donde se está escribiendo el futuro de las nuevas formas de hacer política y participar en ella. Un asunto éste que en modo alguno es ajeno a la modernización de la cultura organizativa de los partidos políticos, tradicionales y por venir.

9. ¿Cómo podría desarrollar un partido su sistema de indicadores de calidad?

Sobre un papel grande del caballete, ya preparado de antemano, y situado al final del mazo, o bien mediante la proyección sobre la pared, una sábana blanca o una pantalla, desde algún medio digital o analógico, o como fuere, el asesor presentará la imagen con el mensaje que todos esperaban.

Y en lugar de acompañar la presencia de esta imagen (Figura 26) en la sala con la lectura en voz alta de lo que en ella está escrito, el asesor se apresurará a responder antes de que le pregunten: "No, de nada valdría que pidieran el informe correspondiente a este mismo ejercicio realizado por algún otro partido. Porque la principal utilidad que obtiene un partido, tras haber puesto en práctica la *Recomendación CCD*, no es el resultado final sino el proceso, es decir, el hecho de haberlo realizado".

Por eso les animo –serán las últimas palabras del asesor– a que se constituyan en grupo de trabajo y, sin dejar pasar más tiempo, pongan manos a la obra, se den cita y comiencen por formular su particular meta, en estos u otros términos, los más adecuados al estilo de su partido. Y, ya lo saben, no prosigan sin haber pactado la redacción de la meta de forma tal que todos los miembros del equipo de trabajo la interpreten del igual manera.

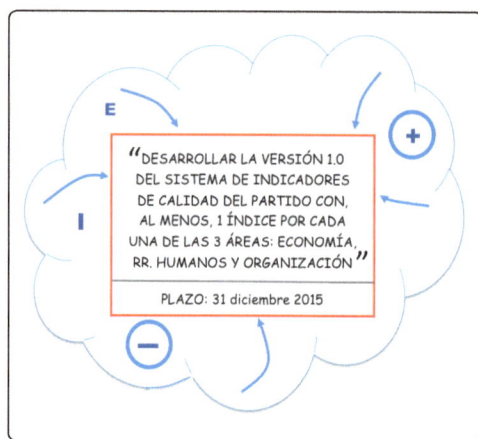

Figura 26. Desarrollar SIC V1.0. Plazo 31-12-2015

A partir de ahí, dispónganse a identificar las influencias dominantes, los factores críticos de éxito y, con las actividades asimismo identificadas, elaboren su plan de acción, comunicación, seguimiento y control. Su plan, sí, el suyo, el de su partido. Con la ayuda de cualquier experto en estas materias o por ustedes mismos. Pero háganlo y demuestren a la sociedad que han querido y sabido sumarse a la manifestación convocada tras esta pancarta: "Por la credibilidad de la política y los políticos".

Es el momento de pedirle al patrocinador que ofrezca, a modo de cierre, su valoración de la jornada. El asesor, tomará asiento y, mientras le escucha, no podrá evitarlo: seguirá dándole vueltas en su cabeza a aquel letrero en el que, negro sobre amarillo, puede leerse: "No nos representan".

Notas

66. Se espera de cada participante que: Asista a todas las sesiones de que consta la jornada; se ajuste a los horarios de comienzo y final de cada una, mantenga apagado el teléfono móvil y, en su caso, los sistemas de mensajería instantánea de su ordenador portátil o tableta que pueda utilizar para sus notas. Con el fin de evitar interrupciones por asuntos ajenos al desarrollo de la actuación SIC, la ACCD recogerá cuantos avisos puedan recibir los miembros del equipo en la secretaría del encuentro, cuyo número de teléfono y dirección electrónica les serán facilitado con antelación.

67. Condiciones relativas a:
    - Ubicación: La sala de trabajo deberá estar ubicada fuera de las oficinas del partido
    - Dimensiones: Espaciosa y con suficientes metros cuadrados de pared, o paneles móviles, donde ir colgando el material que se vaya produciendo, en fichas o papeles de caballete, para que permanezcan a la vista de todos durante el desarrollo de los trabajos.
    - Equipamiento: Mesa de reuniones, preferiblemente en forma de "U", uno o dos caballetes con suficiente hojas de papel, y tomas de corriente accesibles para aquellos participantes que deseen recargar las baterías de sus ordenadores portátiles y tabletas.

68. El formato de media jornada presentado aquí (adaptado de un ejemplo real) es el propio de un simulacro, ensayo o sesión piloto. Las actuaciones SIC reales pueden durar entre un día y un día y medio.

69. La meta que hemos tomado como ejemplo para esta exposición es la siguiente: "Alcanzar una tasa de cobertura (Ingresos por cuotas de afiliados / Costes de personal) del 45% en el plazo de 3 años".

70. Se ha entrecomillado esta parte de la intervención del patrocinador dedicada a la meta por él elegida con el fin de enfatizar la importancia singular que tiene todo lo referente a ella. Pues acaso sea la meta el aspecto más relevante de su papel como patrocinador.

71. Cuando hablamos de duración estimada o, más adelante, por ejemplo, del número de influencias dominantes que suelen ser identificadas en una actuación SIC, debe entenderse que son órdenes de magnitud sin otro fundamento que la experiencia acumulada por las decenas de intervenciones realizadas durante muchos años de ejercicio profesional.

72. Además de, o en lugar de, el cuaderno de campo pueden emplearse, según se haya acordado previamente, medios audiovisuales para grabar el desarrollo de las sesiones.

73. El asesor puede ilustrar este tipo de recomendaciones con anécdotas. Así, por ejemplo, podrá citar una conocida ocurrencia del político y empresario belga, Étienne Davignon, vicepresidente de la Comisión Europea de 1981 a 1985. En algunas ocasiones, el Comisario Davignon abría las sesiones de trabajo advirtiendo con excelente humor: "Señoras y señores, esta reunión puede fracasar…por exceso de inteligencia".

74. Editorial, "Ideología y organización", *Blog de la Asociación por la calidad y Cultura Democráticas*, 4 marzo 2014.

75. Existe sobrada evidencia empírica sobre el rechazo que produce este planteamiento entre las personas que se sienten movidas por su pasión política. Una pasión que siempre es loable y nunca criticable, por abundantes que sean los ejemplos de personas, hechos y circunstancias probadamente deshonestos. Sin duda, para los detractores de la importancia que tiene la organización en el quehacer político, el mero hecho de invocar la necesidad de dejar apartada la ideología, en contextos como el que nos ocupa, resultará siempre una nefanda provocación y motivo de sospecha.

76. Según sea el grado de conocimiento que tengan los miembros del equipo de trabajo sobre estas cuestiones, la exposición de las fases será más o menos detallada. En cualquier caso, hemos optado por describir con más detalle estos pasos a medida que vamos presentando el desarrollo de cada uno de ellos, en los correspondientes apartados posteriores.

77. No hay actuación SIC sin que exista una meta a conseguir. Ésta tiene que ser relevante, específica, alcanzable y mensurable, ha de ir acompañada de un plazo de tiempo para su cumplimiento y debe ser expresada de forma clara y consensuada. En la Figura 1 se muestra una fotografía tomada durante el desarrollo de una sesión piloto celebrada el 4 de julio de 2014 en Madrid. El asesor escribe la formulación de la meta que le ha transmitido el patrocinador. Y, también de su puño y letra, procede a introducir las modificaciones acordadas por el grupo de trabajo en el transcurso del debate.

78. Obsérvese que, entre las categorías mencionadas (ideas, hechos, circunstancias, etcétera), no se ha incluido la de hipótesis o suposición. Pues de lo que se trata es de reunir factores o influencias que, en opinión de los participantes, existen o, con certeza, existirán.

79. Este defecto de omisión es uno, no el único, de los errores más habituales en este tipo de estudios. Lo que, a la postre, produce análisis tipo DAFO (SWOT por sus siglas en inglés) de escasa, si alguna, utilidad.

80. Las siglas CSF forman parte de la jerga habitual en este tipo de trabajos: Critical Success Factors (Factores Críticos de Éxito) es la expresión que suele utilizarse para referirse a lo que, de forma abreviada, hemos introducido aquí como "factores críticos" . Ver Rockart, John F., "Chief Executives Define…", *op. cit.*

81. Un factor crítico que, por sí sólo, fuera condición necesaria y suficiente para alcanzar la meta no sería otra cosa que la propia meta formulada en otros términos. Pues ambos, meta y factor crítico, son de la misma naturaleza: objetivos a conseguir. De hecho, puede considerarse que la identificación de CSF equivale al 'desglose' del objetivo/meta en subobjetivos/factores críticos.

82. No tiene el mismo grado de complejidad la ACT "Diseñar una campaña de comunicación orientada a la captación de nuevos afiliados" que, pongamos por caso, esta otra actividad: "Elaborar una lista de preguntas frecuentes (PP. FF., FAQ, por sus siglas en inglés) para simpatizantes en la próxima versión de la Web".

83. El sistema que se elija para baremar el grado de satisfacción debe incluir la posibilidad de "Pendiente de implementar", pues las ACT identificadas por el equipo no deben ceñirse a las que, bien o mal, están ya operativas.

84. En este tipo de estudios se identifican entre 2 y 3 actividades por cada CSF, lo que arroja una horquilla de actividades entre 15 y 25. Un nuevo orden de magnitud que, como los anteriores, no tiene otro fundamento que la experiencia.

85. Es menos frecuente, pero también puede ocurrir lo contrario: que se hubiera acordado un plazo excesivamente holgado.

86. Incluir este último punto en la agenda del día será sólo necesario, lógicamente, cuando se trate de la primera vez que se lleva a cabo una actuación SIC en una determinada organización política.

87. Ejemplo tomado, en esta ocasión, del Partido Popular: Figura 11.

88. Áreas que se corresponden con los dos factores de producción clásicos (Capital y Trabajo) y con un tercero (Conocimiento) cuyo significado, composición y cálculo aún hoy son motivo de profundos debates teóricos, de lo que se derivan no menos palpables consecuencias prácticas.

89. Una imagen habitual, por ejemplo, la de un indicador de reserva de combustible, hace innecesaria cualquier explicación abstracta.

90. Los trabajos de preparación de la 23ª edición del *DRAE* se iniciaron en 2001. La edición se cerró el 14 de marzo 2014.

91. Esta misma idea quedó recogida al hablar de la 'Zona de confort' como una de las barreras de entrada que deben superarse durante los primeros encuentros con los paridos políticos. Puede aconsejarse, por tanto, presentar en este momento a los participantes la Tabla en que se compara la acepción de calidad aquí propuesta con la que, por lo común, escuchan o quieren entender nuestros interlocutores.

92. "La Bandera Azul es un galardón que otorga anualmente la Fundación Europea de Educación Ambiental a las playas y puertos que cumplen una serie de condiciones ambientales e instalaciones", *Enciclopedia libre Wikipedia*. Las condiciones (análisis de las aguas, sistemas de seguridad, servicios, etc.) son determinadas por especialistas en las respectivas materias, y los galardones anuales los decide un jurado compuesto por expertos pertenecientes a diferentes agencias y consejos internacionales.

93. Editorial, "La calidad bien entendida (2)", *Blog de la Asociación por la Calidad y Cultura Democráticas*, 9 agosto 2013.

94. AA. VV. *Dilemas contemporáneos de lo visual. Libro de resúmenes*. 10º Congreso de la Asociación Internacional de Semiótica Visual. Buenos Aires, 2012.

95. Editorial, "La calidad bien entendida (y 6)", *Blog de la Asociación por la Calidad y Cultura Democráticas*, 19 septiembre 2013. El pequeño logo superpuesto que representa una silueta humana nos fue facilitado por el consejero de estrategia y operaciones, Eduardo Buxaderas Sánchez.

96. Según las dos primeras acepciones de 'sistema' que ofrece el DRAE: "**1.** m. Conjunto de reglas o principios sobre una materia racionalmente enlazados entre sí. **2.** m. Conjunto de cosas que relacionadas entre sí ordenadamente contribuyen a determinado objeto".

97. Armada, Alfonso, "Emilio Lamo de Espinosa: 'España necesita un gran proyecto...'", *ABC*, 6 agosto 2014. El asesor podrá llevar consigo anotada en un papel la cita completa pues, aunque extensa, su lectura resultará muy pertinente: "Si dijéramos ¿qué es lo que se diseñó, pero no ha funcionado como se esperaba?, la respuesta es evidente: los partidos políticos. Se diseñaron de modo que garantizaran la gobernabilidad de España. Y eso se ha conseguido, pero eso mismo los ha blindado, les ha otorgado una hiperseguridad que les ha llevado a ocupar toda la sociedad, y ha habido una hiperpolitización de toda la sociedad española. Los partidos han ocupado las cajas de ahorro, cajas que han propiciado la burbuja inmobiliaria, y hay mucha responsabilidad institucional y política en la misma crisis económica. Reforma de los partidos que estaría también vinculada a un proyecto de ejemplaridad de la vida política. No basta con ser honesto, hay que parecerlo además. España necesita un gran proyecto de austeridad, de sencillez en la vida pública. En términos económicos puede ser el chocolate del loro, probablemente, pero en términos políticos no lo es, y tendría un impacto muy considerable: devolver la credibilidad y el prestigio a la política y a los políticos, que claramente lo han perdido" [Se han suprimido las negritas originales].

98. Gómez-Pallete, Felipe, "Calidad democrática y partidos políticos", Blog El 4º poder en red, Público.es, 17 febrero, 2014.

99. En figura 21, adaptada de: Editorial, "La calidad bien entendida (4)", *Blog de la Asociación por la Calidad y Cultura Democráticas*, 22 agosto 2013.

100. Adaptada de: Editorial, "No, no nos...", *op. cit.* Esta forma de representación nos fue sugerida por Manuel González, consultor en *Organization Transformation*.

101. M.R.C., "Manuel Bustos –hoy imputado como presunto autor de un delito de tráfico de influencias– recibía hace dos años el Premio a la Transparencia de manos de Jesús Lizcano, Presidente de Transparencia Internacional España", *ABC*, 27 noviembre 2012. Tiempo más tarde, el alcalde de esta ciudad se vio obligado a dimitir: García, Luis B., "Manuel Bustos dimite como alcalde de Sabadell", *La Vanguardia*, 14 febrero 2013.

102. Junquera, Natalia, "El Rey encarga una auditoría externa y un código de conducta para La Zarzuela", *El País*, 28 julio 2014.

103. Europa Press, "El Rey abraza a su hijo y Heredero, Don Felipe", *ABC*, 19 junio 2014.

104. Gil Calvo, Enrique, "Ulises", *El País*, 3 agosto 2014.

105. Agencia Efe, "El PSOE arenga a los catalanes a votar el 25-M en contra de la derecha de Mas, Rajoy y Merkel", *Noticias de Navarra*, 28 abril 2014.

APÉNDICE.
SISTEMA DE INDICADORES
DE CALIDAD:
HISTORIA DE UNA IDEA

En el proceso de formalización del método SIC aplicado a las instituciones públicas y, en particular, a los partidos políticos, han intervenido muchos factores entre los que no cabe incluir la improvisación. Desde su constitución[106], nuestra Asociación "propone, conversa, contribuye y comparte" ideas en torno al amplio mundo recogido en su nominación: la calidad y cultura democráticas. Y lo venimos haciendo, entre otras, por estas dos vías: con entradas o *posts* en nuestro blog y con mensajes breves en la red social Twitter. Ambos tipos de textos, de dispar formato –entradas y *tuits*–, nos han servido para componer aquí, animados por un doble motivo, la historia de esta iniciativa:

- En primer lugar, para contextualizar la propuesta y, así, facilitar la comprensión del método en toda su extensión. Pues sabido es que una idea, cuando se presenta sola y abrupta, separada del camino que ha llevado a ella, se convierte en "una abstracción en el peor sentido de la palabra, y es, por lo mismo, ininteligible", en palabras de Ortega y Gasset.

- En segundo lugar, ofrecemos esta recopilación –cuyo contenido primero fue digital– como un modesto homenaje a estos dos espacios que pugnan por convivir: el mundo del libro físico y la intangibilidad de la comunicación en la Red.

La mayor parte de las **entradas** está compuesta por editoriales de la propia Asociación. El resto son textos firmados por personas que creyeron en esta iniciativa. Personas que con sus artículos ayudaron desde un principio a la progresiva maduración de la idea original.

Lejos de la generalizada fascinación por la cantidad de **tuits**, seguidores y favoritos; sin confundir herramienta con solución, entre el medio y el mensaje, y desprovistos de la impulsividad que parece guiar a los fanáticos de esta red, vemos en estos micro textos, una vez desdigitalizados y reescritos con sintaxis tradicional, un calidoscopio artesano y aprendiz de aforismos y greguerías, de adagios y máximas, de apotegmas y proverbios.

Reproducimos en lo que sigue dos selecciones, primero de entradas y, a continuación, de *tuits* que, por su común disposición cronológica, ayudan a comprender la génesis y el desarrollo de nuestra propuesta. En ellas, el lector encontrará, una y otra vez, la huella recurrente de nuestras señas de identidad, entre otras, el decidido interés por elevar la cultura política de los ciudadanos, propagar la idea de ejemplaridad, y prepararse para la comprensión y gestión de la complejidad que, de forma creciente, caracteriza nuestro mundo.

Esta amalgama de reflexiones y autores representa la verdadera historia de lo que hemos dado en llamar *Recomendación CCD*, una invitación a mejorar permanentemente la cosa pública mediante la adopción de SIC, un método de trabajo sencillo y poderoso.

Nota

106. La Asociación por la Calidad y Cultura Democráticas resultó inscrita en el Registro Nacional de Asociaciones, Grupo 1, Sección 1, Número Nacional 601411, con fecha 13 de septiembre de 2013.

Selección de entradas

❧

1. Toma la iniciativa

Máscaras. Esta es la imagen que ha elegido mi mente para representar palabras como **transparencia, crisis, economía o política**. Cada uno de estos términos baila con su cara cubierta. Como si tuviera intención o necesidad de disimular su verdadera personalidad. Así visualizo la época que vivimos: es el momento de esconder la esencia de las cosas. Es una forma, quizá, de restar virulencia a los asuntos que nos incomodan.

La enfermedad se disfraza de termómetro. Y así, hablamos de crisis "económica". Como si la temperatura de nuestro cuerpo fuera el mal que nos aqueja. ¿Qué opinaríamos del doctor si su diagnóstico y tratamiento fueran "Padece usted de fiebre; tome paracetamol". Es el discurso de los economistas técnicos, los que reducen su ciencia a la mera "interpretación de la realidad social en términos monetarios", como denunció mi amigo José Luis Sampedro en un ensayo[107] magistral hace treinta años.

La transparencia se disfraza de economía. Y así, el fin de la opacidad en la vida pública se circunscribe a cuestiones económicas, como manifestaron los participantes en un reciente encuentro[108]organizado por el Máster en Comunicación, Cultura y Ciudadanía Digitales y la Facultad de Políticas y Sociología de la UCM. Transparencia es una cualidad que se requiere de toda organización, pero ha de reclamarse en todos los ámbitos de su actividad, no sólo en el económico.

Prima hermana de lo anterior es esta otra máscara: **Lo almacenado se disfraza de lo que entra**; el stock se disfraza de flujo. Y así, por cada vez que se exhibe o se exige una nómina, mil veces se ocultan o se ignoran patrimonios. Es como si intentáramos tapar la dimensión de lo acumulado con la pirotecnia de lo ingresado en un período.

El cómo se disfraza del qué. Y así, se ha puesto de moda que los partidos políticos ofrezcan disculpas por las cosas que han hecho mal, evitando de este modo hablar de lo mal que hacen las cosas. Con el señuelo del producto defectuoso, pretenden tapar la imperfección de sus procesos.

En este baile de máscaras no sólo participan palabras, prácticas y conceptos; también lo hacemos los ciudadanos cuando **"uno" mismo se disfraza de "el otro"**, para así aparentar que el origen de nuestros males no está en nosotros. Como si políticos y banqueros, llegados de Marte, aparecieran entre nosotros de forma inopinada, como por ensalmo.

Por supuesto que hay crisis económica, pero como resultado de una crisis de valores. Por descontado que hay opacidad en las cuentas, pero también en cómo se cuentan las cosas. Claro que hay retribuciones disparatadas; ¿y patrimonios? No es menos cierto que se han cometido muchos errores; y los que continuaremos cometiendo mientras no cambiemos los procedimientos. Por supuesto, en fin, que la ciudadanía es víctima de responsables políticos y económicos incompetentes o corruptos; pero los ciudadanos también somos copartícipes, en mayor o menor medida, de los males que nos aquejan. ¡Abajo las máscaras!

"Calidad y Cultura Democráticas. Toma la iniciativa" es una declaración de intenciones y es, también, nuestra invitación a que participes y converses, a que contribuyas y compartamos el propósito de crear una sociedad más equitativa. Ayudémonos a iluminar lo que nos ocurre, a llamar a las cosas por su nombre, a que los medios sean medios y los fines sean fines dignos de nuestra condición de seres humanos. Una meta tan ambiciosa como concreta. Algo por lo que merece la pena **organizarse y trabajar**. Que es lo que estamos haciendo al pedir tu colaboración y ayuda para lanzar esta iniciativa tras año y medio de preparación.

Muchas gracias y cordiales saludos,

Felipe Gómez-Pallete Rivas
Presidente de la Asociación por la Calidad
y Cultura Democráticas
23 de marzo de 2013

2. La democracia

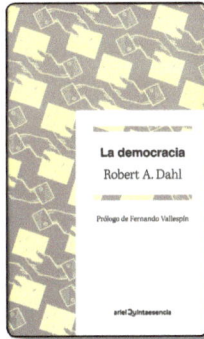

Como se destaca en la contratapa de esta edición[109], la obra de Robert Dahl expone de forma accesible los siguientes asuntos:

- Los principales elementos que configuran una democracia
- Las instituciones imprescindibles que la sustentan
- Las condiciones económicas y sociales que favorecen su desarrollo
- Los criterios necesarios para evaluarla

Calidad y Cultura Democráticas recomienda este libro por la forma, extremadamente sencilla y didáctica, con que se presenta la complejidad de la democracia, es decir, sus orígenes y posible evolución, y los elementos y relaciones que componen el sistema democrático. Para los politólogos, se trata de una obra clásica y básica; para los ciudadanos deseosos de saber, este texto es una obra pedagógica, porque con su lectura aprendemos y nos educamos.

Para los que deseen conocer, con algo mas de detalle, las razones por las que recomendamos este libro, hemos seleccionado los siguientes pasajes. Sirvan estos fragmentos a modo de reseña, una recensión elaborada después de haber leído el libro 'con las gafas' de **Calidad y Cultura Democráticas**.

"La democracia, tal parece, es un tanto incierta. Pero sus posibilidades dependen también de los que nosotros hagamos (…) no somos meras víctimas de fuerzas ciegas sobre las que no tengamos ningún control. Con una adecuada comprensión de lo que exige la democracia y la voluntad de satisfacer sus requerimientos, podemos actuar para preservar las ideas y prácticas democráticas y, aún más, avanzar en ellas" [Capítulo II. ¿Dónde y cómo se inició el desarrollo de la democracia? Pág. 30].

"Las oportunidades para obtener una comprensión ilustrada sobre cuestiones públicas no sólo forman parte de la definición de democracia. Constituyen un requisito de la democracia (…) Quienes creemos en los fines democráticos, estamos obligados a buscar fórmulas para que los ciudadanos puedan adquirir la competencia que precisan. Las instituciones que se crearon en los países democráticos durante los siglos XIX y XX dirigidas a promover la educación cívica quizá no sean ya adecuadas. Si esto es así, los países democráticos deberán entonces crear nuevas instituciones o completar las antiguas" [Capítulo VII. Competencia cívica. Problemas no resueltos. Págs. 92-93].

"Transparencia y comprensibilidad. Por este par de conceptos entiendo que las operaciones del gobierno están suficientemente abiertas al escrutinio público y son lo suficientemente simples como para que sus rasgos esenciales puedan ser comprensibles para los ciudadanos en lo relativo a qué es lo que se hace y cómo. No deben elaborarse de forma tan compleja que impidan a los ciudadanos saber lo que pasa pues, si no entienden lo que hacen sus gobiernos, no pueden someter a responsabilidad a sus líderes, particularmente en períodos electorales" [Capítulo X. Constituciones. Cómo influyen las constituciones. Pág. 147].

"Las perspectivas de una democracia estable en un país se ven potenciadas si sus ciudadanos y líderes defienden con fuerza las ideas, valores y prácticas democráticas. El apoyo más fiable se produce cuando esos valores y

predisposiciones están arraigados en la cultura del país y se transmiten, en gran parte, de una generación a otra. En otras palabras, si el país posee una cultura política democrática" [Capítulo XII. ¿Qué condiciones de fondo favorecen la democracia. Valores y cultura democráticos. Pág. 181].

"…una de las necesidades imperativas de los países democráticos consiste en potenciar las capacidades de los ciudadanos para que puedan implicarse inteligentemente en la vida política. No trato de sugerir que las instituciones de la educación política desarrolladas en los siglos XIX y XX hayan de ser abandonadas. Pero sí creo que en los años venideros estas instituciones más antiguas deben ser mejoradas por nuevos medios dirigidos a la educación cívica, participación política, información y deliberación, que se apoyen de forma creativa en el conjunto de técnicas y tecnologías disponibles en el siglo XXI. Apenas hemos comenzado a pensar seriamente en estas posibilidades, mucho menos a ponerlas a prueba en experimentos a pequeña escala" [Capítulo XV. El viaje inacabado. Desafío 4: Educación cívica. Pág. 216].

Título: La democracia
Autor: Robert A. Dahl
Editorial: Ariel (21 de Junio de 2012)
Páginas: 254
ASIN: B008F2D5QG
30 de mazo de 2013

3. Las tres C de la democracia

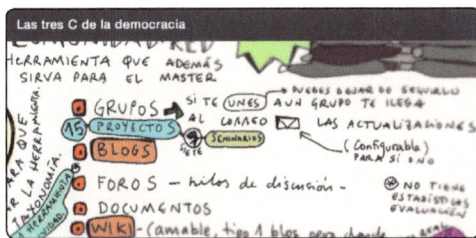

Democracia se escribe con tres C, aunque la R.A.E. las reduzca a una. La comunicación, la cultura y la ciudadanía aportan el sustrato de todo orden político. En concreto, en democracia la comunicación es libre; la cultura, abierta y la ciudadanía colabora en las tareas de gobierno.

Son estas también las propiedades del "software no propietario". Se trata de un código libre de ser copiado, modificado y distribuido por cualquiera. Además, está siempre abierto para ser mejorado; porque la democracia es siempre un punto de partida y su vigor responde a la consciencia de saberse siempre incompleta. Por último, el código democrático se desarrolla de forma permanente, mediante la colaboración de los ciudadanos y sus representantes. El contrato que estos establecen se basa en la igualdad de derechos y obligaciones para tomar parte en el gobierno de los asuntos colectivos.

La ausencia de censura previa y de monopolios de facto en el ejercicio de la libertad de expresión son requisitos insoslayables de una esfera pública democrática. La libre competencia entre individuos y colectivos hace germinar y renueva la cultura en sociedades que, por definición, son abiertas en el sentido que señalaba K. Popper. Y la colaboración entre gobernantes y gobernados reconoce a estos últimos como promotores, partícipes y decisores del rumbo de las democracias. Todo esto no son más que obviedades y que, sin embargo, requieren ser señaladas y, sobre todo, reactualizadas.

Con ese presupuesto llevamos un año impartiendo un título oficial de posgrado llamado Máster en Comunicación, Cultura y Ciudadanía Digitales. Es una *joint venture* entre la Universidad Rey Juan Carlos y la institución municipal madrileña de alfabetización e innovación digitales Medialab Prado[110]. "Digital" aquí denota el código universal de nuestra era, basado en dígitos: algoritmos y combinatorias de ceros y unos. También remite a los dedos que teclean o pulsan las pantallas en las que discurren, cada vez con más frecuencia e intensidad, nuestras vidas público-privadas hasta el punto de crear ciertos espejismos.

Lo digital tiende a confundirse con lo virtual; es decir, aquello que carece de efectos reales más allá de la pantalla. La comunicación degenera entonces en comedia escénica. Porque, como señala Felipe Gómez-Pallete en su entrada de este blog[111], la vida política parece reducida a un desfile de máscaras. La cultura, en consecuencia, sufre la corrupción dialéctica de un código, propiedad exclusiva de unos pocos iniciados que solo hablan el lenguaje del poder. Lo emplean unos cargos representativos que apenas se dedican a la gestión clientelar de los intereses en liza y, sobre todo, a la representación escénica de todo lo contrario.

La crisis institucional que viven las democracias representativas revela, a nuestro entender (catorce profesores de siete disciplinas diferentes y el doble de especialistas que nos visitan), la necesidad de recuperar su código genético. Internet, en todo caso, no es parte del problema sino parte obligatoria de la solución, de una urgente regeneración. Y, sobre todo, nos inspira la internet que nació y aún comparte (aunque amenazados) los rasgos del software no propietario. No se trata de una opción ideológica sino práctica. Nos inspira el volumen de negocio que el software libre genera en grandes corporaciones como la IBM: 2000 millones de dólares por instalar y gestionar Linux, frente a 800 por patentes en el año 2003. Ese año, también el *New York Times* recabó apenas el 6% de sus ingresos por sindicación y copyright. Por si faltasen argumentos, durante el año 2012, uno de cada cuatro sitios de descarga empleados por los internautas distribuían software libre.

Hemos intentado hacer lo mismo en el ámbito educativo, intuyendo que los rasgos señalados son los más pertinentes para una remodelación institucional que haga frente a los retos de las democracias del siglo XXI.

La pedagogía que impartimos es **libre** de ser copiada, alterada y difundida sin más cortapisas que la voluntad de quien nos atiende. Somos el único programa oficial de posgrado que lo hace así. No solo en España, sino en todo el mundo. Es una forma de "hacer patria" sin "marca", creemos que acorde con los tiempos que corren. Todos nuestros seminarios son **abiertos** al público en el auditorio del Media-Lab Prado de Madrid y se difunden en Internet por *streaming*. Porque consideramos la comunicación como un bien común en estado puro: toma parte en ella todo aquel que ha querido, en virtud de sus intereses, capacidades y competencias.

También todos nuestros contenidos y materiales son, por definición, **abiertos**. Los profesores compartimos el mismo tiempo de docencia que los muchos invitados, expertos y analistas que nos visitan. Como si desarrollásemos código informático abierto, solo cobramos por aplicarlos a proyectos concretos, con los cuales seleccionamos y calificamos a los alumnos. Entendemos la docencia como prestación de un servicio; por si no quedase claro, servicio público ofrecido por una universidad y un organismo municipal que nos conecta con públicos más amplios que el académico.

Por último el CCCD es, ante todo, una escuela de prácticas **colaborativas**. Los proyectos que "amadrinamos" (los tutorizamos desde el principio e incluso los becamos con parte de nuestros ingresos como docentes) pueden ser teóricos o prácticos. Nos importa tanto el conocimiento abstracto como el aplicado, porque si no van ligados en una relación dialéctica constante pierden toda relevancia en tiempos de mudanza constante y radical. Esos proyectos se desarrollan en colaboración con los otros profesores, invitados y alumnos. Su contribución a debates y proyectos ajenos forma parte sustancial de la nota final de este posgrado. Queremos, en definitiva, constituirnos en una red de redes en constante evolución. Nuestro objetivo reside en formar perfiles profesionales y académicos polivalentes, capaces de generar y desenvolverse en contextos colaborativos marcados por la excelencia.

Conste, una vez más, que no hacemos esto por proselitismo *hácker* o creyéndonos una vanguardia académica. Ha sido la forma de reinventar una plataforma pedagógica, pero que también sirviese a la investigación y para la intervención social. Nos mueve la degradación que a nuestro entender experimentan las instituciones educativas, tanto públicas como privadas. Y que creemos que afecta a todo el orden institucional. De ahí nuestro deseo de hibridar saberes y prácticas con otras organizaciones e iniciativas.

Nuestro logo es un ratón (ofimático) mutante. Se trata de una especie desconocida, incluso para nosotros. Sometido a cambios constantes, el CCCD se ofrece como cooperador simbiótico con otros organismos cívicos que, estamos seguros, están por surgir. La **Asociación por la Calidad y la Cultura Democráticas** es uno de ellos, uno de nuestra especie.

Hemos tenido que crear un ecosistema propio para sobrevivir. Algo imprescindible en tiempos de crisis sistémica. Una nueva institucionalidad está siendo alumbrada en todos los órdenes. Y esa re-Ilustración necesita muchas otras versiones renovadas de las Sociedades de Amigos del País: filantropía volcada en el bien común. Redes de afectos, de gente "afectada" por lo que ocurre en su entorno y que se mancomuna en defensa de sus intereses, personales y colectivos. Federando espacios de interacción y competencias se irá tejiendo el nuevo entramado institucional. Nuestra apuesta es que será libre, abierto y colaborativo o no será democrático.

Víctor Sampedro
Catedrático de Opinión Pública y Comunicación Política, Universidad Rey Juan Carlos.
Director del Máster en Comunicación, Cultura y Ciudadanía Digitales
1 de abril de 2013

4. Espacio abierto

Espacio abierto

Nos encontramos en una situación en la que los problemas no pueden seguir siendo resueltos solo con las instituciones –que se encuentran obsoletas–, sino que la ciudadanía debe asumir un papel principal en la resolución de los problemas que nos implican a todos. Como dice el sociólogo Ulrich Beck[112], es necesario "no solo una política que genere reglas, sino también que las modifique; no solo una política de los políticos, sino también una política de la sociedad".

Por este motivo, considero que esta iniciativa –Calidad y Cultura Democráticas– puede llegar a ser una herramienta eficaz para el ciudadano, que le permita adquirir capacitación para poder afrontar la política de las cosas (temas sencillos) en un espacio más abierto, horizontal y colaborativo.

Mis ganas y mi ilusión de poder contribuir con la organización quedan recogidas en un proyecto de investigación que estoy realizando en el máster Comunicación, Cultura y Ciudadanías Digitales de Medialab Prado y la Universidad Rey Juan Carlos, en Madrid. Con el nombre "El empoderamiento ciudadano a través de la red: plataformas y herramientas de subpolítica democrática", mi investigación trata de conocer las principales iniciativas que existen en materia de calidad y cultura democráticas. Unas iniciativas que están aprovechando el potencial tecnológico para compartir socialmente, facilitar e intentar un acercamiento entre representantes y ciudadanía, y tener un papel más importante en la producción de información.

Estas organizaciones, como pueden ser Ciudadano Inteligente, en Chile; la fundación Sunlight, en Washington; My Society, en Reino Unido o Civio, en España, realizan pequeñas acciones políticas, y en espacios reducidos como estos es donde realmente la democracia sucede.

Ester Crespo
Periodista e investigadora de la
Asociación por la Calidad y Cultura Democráticas
8 de abril de 2013

5. A vuelta con la crisis

A vueltas con la crisis

Me voy a permitir llevarle la contraria a mi maestro y amigo Felipe Gómez-Pallete: lo de la "crisis de valores" me parece otra de las máscaras, una síntesis muy completa de los cuatro ídolos Baconianos: los prejuicios de la especie (idola tribu), los culturales (idola specus), los del lenguaje (idola fori), y los de la farsa (idola theatri) con que gustan, y gustamos, de engañarnos. Es tan viejo el recurso retórico que no es difícil encontrarlo con profusión en los padres de la Iglesia. Lo característico de nuestro tiempo es esa contaminación de la ética y de la política por los jeribeques del lenguaje de la bolsa y del mercado que nos hacen hablar de algo que depende estrictamente, aunque no exclusivamente, de nuestra decisión como si dependiera de factores más allá de control, de algún arcano maléfico, que, de existir nos exoneraría de nuestra responsabilidad. Ya se sabe que si hay crisis no se puede hacer nada, pese a lo mucho que se esfuerzan los gobiernos.

Yo creo ser un individualista convencido, y no renuncio a pensar que nuestro destino colectivo depende de nuestras decisiones y no de ninguna extraña ecuación social. Y esto, que me parece cierto en general, me parece certísimo en España. No nos pasa nada que no deba pasarnos, visto lo que hemos hecho y consentido, y voy a ello:

Los partidos y sindicatos han ido concentrando el poder de manera cada vez más nítida y, aprovechándose de la leyenda al uso sobre la causa de la crisis de UCD, supuestamente, su desunión, su excesivo pluralismo, han fomentado un espíritu de cruzada tanto hacia adentro como hacia fuera, creando un prototipo de político que es sectario y disciplinado, que exagera los defectos ajenos e ignora los propios, porque, al final, no encuentra otra energía política que ese enfrentamiento ritual y radical, que no por ser artificial es menos dañino. En resumidas cuentas: no hay nada que discutir, basta con obedecer las consignas y alancear al adversario irreductible que es a lo que se reduce una cultura política extremadamente maniquea.

En este escenario, las llamadas ideologías no son las causas del enfrentamiento, sino los instrumentos del mismo al servicio del único fin, el poder por el poder. No hay nada que estudiar ni analizar, basta con repetir, a hora y a deshora, los mantras de cada bando, por absurdos que parezcan y, si hay problemas, echarle la culpa al empedrado. Como es inevitable, el proceso de participación política se invierte, y en lugar de que los de abajo, los más, elijan a los de arriba, los menos, y los cambien con frecuencia, los de arriba, que nunca cambian, eligen a los de abajo para que les obedezcan, les hagan la corte y los defiendan del enemigo malo. A cambio ofrecen sueldos, sobres y una colocación segura, cómoda y perpetua a todos los sumisos que entran en el juego y se dedican a decirnos a los demás que son nuestros representantes legítimos.

La democracia, como sistema de movilidad social, es incompatible con este esquema operativo, y lo demás viene rodado. Este drama elemental requiere un aire de misterio, una distancia, para que nadie vea el funcionamiento real del ingenio. Ocultar se convierte en sinónimo de proteger los grandes valores que el catecismo proclama. La necesaria falta de transparencia trae consigo una posibilidad creciente de corrupción, el incremento del gasto público aumenta las oportunidades de ensombrecer y *ensobrecer*, y vincula a los electores no con el control sino con las promesas, lo que hace cada vez más difícil la transparencia y potencia *ad nauseam* el debate maniqueo que es lo que conviene a los dos grandes fuerzas que han comprendido hace tiempo que pueden y les conviene repartirse el pastel, aunque no sea a partes estrictamente iguales. Así lo veo.

José Luis González Quirós
Filósofo y profesor de Filosofía, Universidad Rey Juan Carlos
15 de abril de 2013

6. Causas y (d)efectos

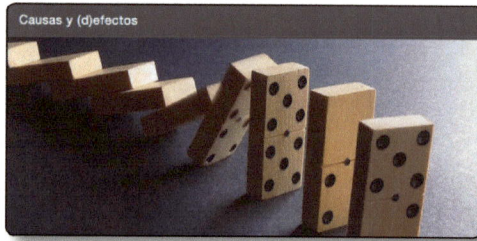

Causas y (d)efectos

"Las repúblicas y las democracias sólo existen en virtud del compromiso de sus ciudadanos en la gestión de los asuntos públicos. Si los ciudadanos activos o preocupados renuncian a la política, están abandonando su sociedad a sus funcionarios más mediocres y venales." Tony Judt (Algo va mal)

Qué bien nos hubiera venido ser Lois Lane. Sí, la de la película. No sé si pasó desapercibido, pero en su primer encuentro, Superman la salva de una caída mortal y ella, todavía en el aire, se enamora irremediablemente; mientras él le dice que no se preocupe, que ya la tiene sujeta, Lois, la recién enamorada Lois, le lanza una pregunta terrorífica: "ya, ¿y quién le sujeta a usted?" La escena es del todo improbable. No, no por el hecho de estar volando con una mujer cogida de un brazo y un helicóptero del otro: quién en su insano juicio de enamorado podría cuestionar de tal modo a su amado. Bravo por Lois Lane.

Ya no estamos enamorados. Pero lo estuvimos, y cómo, en la mítica transición –un mito como cualquier otro, cargado de debilidades ocultas–. Esa fase la superamos sin apenas notarla y sin hacer preguntas. La fe del que come flores. Luego nos habituamos a los placeres y a los defectos. Ahí, me temo, comenzamos a perder la capacidad de comprensión sobre lo que tenemos en común con los demás. Nos aislamos, paradójicamente, pese a contar con instrumentos como internet, que facilita una enormidad de cosas, entre ellas que seleccionemos únicamente lo que nos interesa y esquivemos el contacto con el resto. Como defecto, perdemos el trato con las similitudes de nuestros vecinos.

Mientras tanto, nuestra apacible convivencia comenzó a resentirse. Se nos animaba, por un lado, a "maximizar el interés y el provecho propios", lo que provoca que se oscurezcan las razones para el altruismo o incluso el buen comportamiento; y, por el otro, a que "las jóvenes generaciones se ocuparan exclusivamente de sus propias necesidades". Muy bonito. Por lo tanto, por defecto, abandonamos progresivamente ese vínculo con nuestro sentido de ciudadanía; contribuimos a que el sistema –democrático– sobreviviera a la indiferencia de los ciudadanos –algo que puede suceder, pero solo a corto plazo–; dejamos que todo funcionara, en fin, sin nosotros. ¿De verdad creímos que a Christopher Reeve no le colgaban de un arnés?

Ahora, cuando queremos hablar, cuando nos damos de narices con la necesidad de tomar control y responsabilidad, resulta que hemos perdido la capacidad de articular palabra. Queremos tirar de llave inglesa, pero no tenemos idea de cómo funciona –ni de dónde colocarla o a quién lanzársela–. En realidad, no nos engañemos, no sabemos ni dónde está la caja de herramientas. Sin herramientas ni lenguaje propio, esta vez sí, la hemos pifiado: nos hemos dado cuenta de que va mal, y lo peor es que no sabemos cómo arreglarlo, dónde están el principio, el medio o el final. Ay si hubiéramos comenzado con esa sencilla pregunta…

A buenas horas. Una vez abiertos los ojos, resentidos, nos sentimos apartados de las decisiones que se toman, que nadie nos escucha: no nos hemos hecho siquiera con el lenguaje necesario para que se nos escuche. Es duro. Y frustrante. Pero no desesperemos. Comencemos por ciertos principios. Seguramente, los que nos faltaron al dejarnos coger en el aire y no hacer una franca pregunta.

Así que acojámonos a los buenos efectos: formulémonos las preguntas precisas para salir del atolladero, para que la política no se reduzca a una "forma de contabilidad social, a la administración cotidiana de personas y cosas". Hagámonos con una caja de herramientas básica para comprender el funcionamiento de lo que nos afecta no solo como individuos sino como sociedad. Llenémosla de la cultura suficiente como para poder armar un argumento válido y tener la posibilidad de cambiar la forma en la que debatimos nuestros intereses comunes; o sea, hablar de otra forma para pensar de otra forma. Deberíamos, de hecho, dar con "una narración moral: una descripción coherente que atribuya una finalidad a nuestros actos de forma que los trascienda."

Absorber la cultura necesaria es esencial para imprimir calidad al sistema democrático en el que creemos. En Calidad y Cultura Democráticas se abren vías para dar lugar a ese enriquecimiento sin el cual estamos abocados, por ejemplo, a permanecer bizcos debido a la vestimenta de Superman: sospechosa combinación de mallas azules con calzón y capa rojos.

Luis del Hoyo
Vocal de la Asociación por la Calidad y Cultura Democráticas
6 de mayo de 2013

7. La tiranía del pensamiento simple

¡Bienaventurados los españoles que confunden la verdad con la claridad!". Los que estudiábamos por los años cincuenta en la facultad de teología de Frankfurt, teníamos que soportar con frecuencia esta felicitación envenenada de uno de sus profesores. Ciertamente la verdad se oculta con frecuencia bajo la maraña de la complejidad. Y nada hay tan insensato como pretender iluminar lo complejo con el pensamiento simple o simplista tan atractivo por su claridad.

Ahora abundan en España los que se interesan por conocer la realidad de nuestra democracia. Creen que la generación actual ha perdido el sentido de la responsabilidad que caracterizó a los hombres de la "transición". No me atrevería a negar con firmeza que no se haya producido entre nosotros una degeneración del sentido de la política. No consta que aquella generación fuera más honesta, más responsable ante lo público y, sobre todo, más respetuosa con los demás. La sociedad española de aquel momento carecía como la de ahora de muchos de los valores que llamamos democráticos. Es evidente que los artífices de la transición constituían una minoría que confió en el pensamiento complejo sobre el futuro de España.

Edgar Morin ha dedicado varios ensayos a definir el pensamiento complejo tan distinto del pensamiento simple o simplificador. Cualquier persona de mediana cultura tenía que estar segura de que el desarrollo de nuestra economía y el progreso de nuestra realidad social atravesarían, con toda certeza, por la zona de la complejidad. Y nada más desacertado que empeñarse ahora en un diagnóstico de esta situación fruto del pensamiento simple.

Ponga usted la radio, aguante usted las tertulias, entre usted, si le dejan, en el Parlamento y comprobará hasta qué punto estamos dominados por el pensamiento simple. Ávidos de claridad, llegamos a creernos que estos privilegiados de la democracia española están descubriendo nuestra realidad compleja a través del pensamiento simplista.

Casi todos los días aparece en la radio o en la tele un experto que pretende darnos la clave de la crisis financiera, económica o política que padecemos. Entre los modos simplificadores del conocimiento ha figurado siempre esta tendencia a ocultar parte de la complejidad con el noble deseo de lograr la mayor claridad en la sentencia. Es verdad que se disipa, en el mejor de los casos, parte de las nieblas, pero a costa de la mutilación de la realidad. ¿Cómo ser fieles a la complejidad de un modo no simplificador? Distinguir, abstraer y reducir son caminos inevitables de la comunicación. Pero todos ellos pertenecen al paradigma de la simplificación.

No podemos reflejar la complejidad sin valernos del pensamiento complejo. Cuando afirmamos que la realidad social, económica y política es compleja pensamos en algo semejante a un tapiz cuyos hilos son

todos significativos. Ceder a la simplificación es una forma de contribuir a la confusión. Y algunos expertos que parecen sufrir mucho en
los espacios radiofónicos y televisivos, parecen haberse convertido en
profetas de una inminente catástrofe. Tanta información de la tormenta
futura, ¿No es una forma ya por sí misma de una amenaza imparable?

A esta realidad social solo puede acerarnos el pensamiento complejo. Tenemos que enfrentarnos con el entramado de fenómenos tan
diversos como la bruma, la incertidumbre y la contradicción. Para meter
estas cuestiones complejas en el marco de los medios de comunicación
social tenemos que aprender a distinguir sin desarticular, y a asociar
sin identificar ni reducir. De lo contrario estaremos contribuyendo a
fomentar el desconcierto que tanto criticamos.

En nuestro ambiente español se confunde con facilidad el análisis de la situación con la crítica política. Se agrava así mucho más la
irresponsabilidad de nuestro análisis. Porque, en realidad, convertimos
todo nuestro discurso en una instrucción fiscal sobre los culpables. Claro
que tenemos derecho a mostrar nuestra crítica desfavorable, pero sería
deseable que, en buena lógica democrática, razonáramos de manera
inteligente la disconformidad. Por lo menos haríamos más patente
nuestra responsabilidad ciudadana.

José Mª Martín Patino
Presidente de la Fundación Encuentro
15 de mayo de 2013

8. ¿Calidad y cultura democráticas?

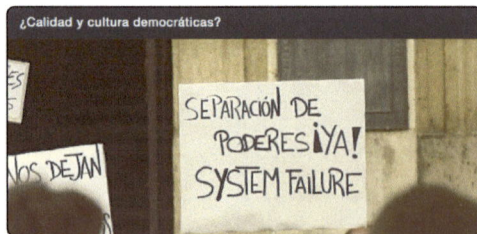

Es correcto que los ciudadanos se propongan hacer oír su voz fuera
de los rígidos procedimientos establecidos por la democracia formal, es

decir, el ejercicio del derecho al sufragio. Pero el problema se presenta cuando esta democracia formal no existe. Y no existiendo, falla ya la precondición necesaria para hablar de "calidad" o "cultura" democráticas.

Los españoles no sabemos lo que es la democracia porque nunca la hemos tenido. La democracia formal se constituye por una serie de reglas para la disputa pública del poder entre facciones y no para, como es propio de un régimen oligocrático como el español, el secreto reparto del mismo. Varias son las condiciones que, según creo, definen un régimen democrático:

- Sufragio universal.

- Principio electivo en el Poder Ejecutivo: Deben ser los ciudadanos quienes, de forma directa y no por mediación del parlamento, elijan al presidente.

- Principio representativo en el Poder Legislativo, lo cual excluye la elección de diputados por medio de sistemas proporcionales de listas que lo único que consiguen es poblar las cámaras legislativas de diputados sujetos a las órdenes de la cúpula de su partido. En el caso de España ello entra en contradicción, además, con la prohibición del mandato imperativo en el artículo 67.2 de la Constitución Española.

- Independencia del Poder Judicial. No hablo aquí de la facultad de los jueces de dictar sentencia sin recibir presiones de otras instancias: no es esta circunstancia la que define la independencia del Poder Judicial. Para que esta independencia exista es preciso que la aplicación de la norma máxima, ubicada en la cúspide jerárquica de nuestro ordenamiento jurídico, es decir, la Constitución, no esté reservada a un tribunal especial en cuya composición los partidos políticos tienen un peso decisivo. Este Tribunal, huelga decirlo, es el Tribunal Constitucional: el que impide que un juez de primera instancia esté facultado para aplicar directamente la Constitución, como sí puede hacerlo en los Estados Unidos de América. Aquí no puede hacerlo porque esa suprema facultad le ha sido despojada por los partidos políticos, que la han depositado en un tribunal nombrado por ellos.

Las tres últimas condiciones no se cumplen en España. No habiendo democracia formal podemos pelearnos por una mayor "calidad" o "cultura" democrática, pero nos estrellaremos siempre en la misma pared. No puede haber cultura democrática donde no ha habido democracia. Los españoles llevamos viviendo, desde la muerte de Franco, en un régimen de libertades civiles otorgadas y libertad política secuestrada por los partidos, mediante las oscuras transacciones del consenso en las que cristalizó ese proceso que aquí llamamos Transición, y que pesa como una losa sobre nuestras posibilidades de hacer un país mejor.

J.J. Sánchez Arévalo
Vicepresidente Hazlitt Society
20 de mayo de 2013

9. ¿Acaso lo sabemos todo?

Como dice José María Martín Patino en su reciente aportación a este blog, las cosas no son tan simples como nos quieren hacer creer. Nos enfrentamos a problemas muy serios, pero todo el mundo parece saber cómo resolverlos. Y los medios de comunicación no hacen nada para evitar que se propague esta idea equivocada.

Desde hace unos años, con la proliferación de los portales de Internet, los medios han puesto de moda la realización de encuestas abiertas, a las que todo el mundo puede contestar, eligiendo casi siempre entre tres alternativas: *Sí, no* y *no sé*. No voy a discutir aquí el hecho evidente de que las preguntas de esas encuestas suelen estar mal planteadas, lo que daría tema para otro artículo. Voy a fijarme solo en los resultados. Quien se moleste en seguirlos, notará que la contestación *no sé* rara vez pasa del 3%. Aunque algunas de las preguntas tienen miga y tratan de responder a problemas acuciantes de la actualidad, todo el mundo tiene perfectamente claro cómo se deben resolver.

Usualmente, solo los científicos (los que se supone que saben más) suelen contestar *no sé* a las preguntas que les hacen en los medios. Y a veces esa respuesta levanta las iras de otros, que seguramente saben menos que ellos. El 14 de enero de 2010, La Vanguardia entrevistó a Michael Griffin, director de la NASA de 2005 a 2009. La entrevistadora intentó hacerle dar su opinión sobre una serie de puntos:

- ¿Hay vida en Marte?
  Conozco personas que piensan que sí, pero no sé si es o no correcto.

- ¿Hay vida fuera de la Tierra?
  No sé, yo no tengo respuesta. Prefiero esperar.

- ¿Cuál es el futuro de la exploración espacial?
  No sé, aunque espero que se construya una base en la luna y se envíe una misión tripulada a Marte.

- ¿Qué piensa del programa SETI, la búsqueda de vida extraterrestre inteligente?
  No sé qué decir.

- ¿Y el calentamiento climático?
  No sabemos lo suficiente para que yo me posicione.

Al día siguiente, el mismo periódico publicó una carta de un lector que tildaba a Griffin de *escurridizo*, porque no quería dar su opinión. Ni por un momento se le ocurrió al lector que es posible no tener opinión sobre una cuestión concreta.

Que es posible *no saber*. Pero claro, la corrección política dominante, ese nuevo dogmatismo, no nos permite mantener la mente abierta, no nos deja decir *no sé*. Es obligatorio repetir los *mantras* del pensamiento único, so pena de que nos consideren antisociales y nos critiquen sin misericordia.

Manuel Alfonseca
Universidad Autónoma de Madrid
23 de mayo de 2013

10. Asociacionismo y sociedad civil

Recuerdo las viñetas de Mafalda que hacían reflexionar inocentemente sobre la situación del mundo y las personas que en él vivimos, y sobre los problemas sociales cotidianos.

Una niña de clase media acomodada haciendo de voz de la conciencia del ciudadano. Una niña con altos valores de justicia e igualdad, soñadora e idealista, y que aspira, casi sin saberlo, a una democracia real.

¿Cómo serían ahora las viñetas de Mafalda? Qué valores divulgaría y de qué problemas sociales hablaría..?

Creo que hablaría de cómo el Asociacionismo está promoviendo el cambio social.

El caso es que tenemos en nuestro poder un instrumento valiosísimo de promoción del cambio social, la creación de Asociaciones civiles, libres y voluntarias de ciudadanos. Las Asociaciones permiten actuar conjuntamente en el espacio público para influir en la resolución de problemas muchas veces desatendidos por parte de las instituciones.

La importancia de la figura de las Asociaciones y su incremento en la sociedad se ven reflejadas en la evolución de la regulación normativa. Tanto en la constitución como la declaración universal de los derechos humanos ya se mencionaba y se contemplaba el derecho a asociarse. Más tarde fueron aparecieron leyes específicas, con el objetivo de actualizar la legislación, primero la 30/1994, donde se incluía la necesidad de estimular la iniciativa privada en la realización de actividades de interés general y, posteriormente, la vigente ley 1/2002. Esta ley actual refleja estos criterios fundamentales:

- Su estructura democrática (característica diferenciadora de esta forma jurídica).

- La ausencia de fines lucrativos

- Garantizar las vías de participación de las personas en la vida social y política.

La evolución de la normativa reguladora de las Asociaciones ha ido reconociendo la importancia de las funciones que cumplen como agentes de cambio y transformación social. Por lo tanto, no hay vacío legal, no hay doble cara en estas entidades jurídicas, están perfectamente reguladas y a disposición de los ciudadanos para el desarrollo de actividades y acciones.

Como he comentado anteriormente, disponemos de un instrumento valiosísimo, completamente regulado y reconocido, que permite el ejercicio activo de la ciudadanía y la consolidación de una democracia avanzada, representando los intereses de los ciudadanos ante los poderes públicos y permitiendo el fortalecimiento de la sociedad civil, y los canales y espacios de información y opinión de la ciudadanía.

Las Administraciones Públicas no sólo deben proteger y apoyar a las Asociaciones cívicas existentes, sino también fomentar la afiliación a las mismas y la creación de nuevas entidades, la participación activa en su seno y la implicación creciente en la búsqueda del bienestar y la calidad de vida para la sociedad.

Es fundamental promover una sociedad dinámica, participativa y democrática. Somos actores de nuestro mundo. Debemos perseguir tener mayor poder de decisión, y esto se consigue con redes asociativas que establezcan vínculos de unión entre la ciudanía y el sistema político.

El Asociacionismo es progreso y avance en las sociedades, ya que con él se promueve la participación ciudadana, buscando el bienestar común y el bien público.

Creo que Mafalda se iría al colegio y preguntaría a la profesora de Economía …. y eso de las Asociaciones?

Silvia Álvarez Sebastián
Asesora de la Asociación por la Calidad y Cultura Democráticas
27 de mayo de 2013

11. En favor de los partidos

El objetivo de la Asociación por la Calidad y Cultura Democráticas no son los colores, rojos o azules, sino la ciudadanía en tanto que **copartícipe** (concepto clave) de la situación política y económica.

Somos conscientes de que, en plena efervescencia de revueltas y protestas contra "el otro", levantar la voz para, **además**, mirarse a sí mismo es un mensaje que se vende mal. Pero creemos en la mirada panorámica que abarca la crítica "al otro" y la mejora de "uno mismo". Mirar con los dos ojos permite ver el relieve de las cosas y de los hechos. Mirar únicamente con cualesquiera de los dos, es una suerte de ceguera.

Es la forma en que **todos** hacemos política lo que está en el punto de mira de nuestra asociación, no los líderes y las instituciones, cuyos modelos y modales están fuera de época.

¿Acciones concretas?

Además de animar al diálogo en nuestra Web; además de reunir para y con la ciudadanía material pedagógico de calidad en materia democrática; además de abrir nuestro portal a otros movimientos que comparten nuestra mirada, además de todo ello, estamos trabajando en la elaboración del **sistema de índices de calidad**. Una tarea cuya EFM (Estructura de Fines y Medios) definimos así:

- CÓMO y QUIÉN: El sistema debe desarrollarse vía social (*crowdworking*); de lo contrario, no será nada.

- PARA QUÉ: El sistema debe construirse para permitir a los partidos políticos mejorar su operativa interna, pues de lo contrario seguirán produciendo programas electorales increíbles y alimentando políticos incapaces. Políticos que salen de entre nosotros, los ciudadanos.

- Al mismo tiempo, la propia construcción social del sistema servirá PARA elevar los conocimientos y la participación de la ciudadanía en materia democrática lo que, a su vez, es condición *sine qua non* PARA alcanzar una sociedad más equitativa.

Si esta EFM puede encuadrarse dentro de los movimientos en favor de la "Transparencia" o si, por el contrario, es una idea que no cabe bajo dicho paraguas, es algo que no debe ocuparnos ni preocuparnos. Lo importante es compartir su necesidad y urgencia.

La ciudadanía exigirá a los partidos políticos, con tanta determinación como con capacidad organizativa, que se pongan en marcha y emprendan el camino de la mejora continua de sus procedimientos internos. Los partidos que desoigan esta exigencia, abandonarán toda posibilidad de evolución y entrarán sin remisión, como diría Arnold Toynbee, en fase de "petrificación" o bien de "desintegración" definitiva. Todo hace suponer que tal es el rumbo marcado por los partidos al uso, desde el PSOE a PP, pasando por IU o UPyD. Un fenómeno de suicidio colectivo.

El diagnóstico realizado sobre este asunto por César Molinas y Elisa de la Nuez[113] es impecable. Se puede escribir con caracteres más grandes, pero no con más claridad. El **tratamiento** que los autores proponen invoca a la sociedad civil. Correcto. Ahora bien, una nueva Ley de Partidos ¿provocará los cambios que exige la sociedad, o serán los cambios provocados por los movimientos sociales los que acaben modificando mentalidades y cambiando las leyes?

Saludos cordiales,

Asociación por la Calidad y Cultura Democráticas
29 de mayo de 2013

12. Liderazgo y calidad democrática

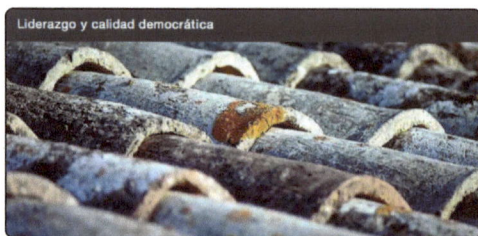

Del mismo modo que no podemos escapar de la responsabilidad individual que tenemos sobre nuestra propia democracia, igualmente estoy absolutamente convencido de que hay una estrecha relación entre liderazgo y calidad democrática.

Ambas creencias me mueven a exponer una serie de consideraciones. Son reflexiones que deseo compartir por creerlas especialmente oportunas en estos momentos de crisis e incertidumbre. Una crisis que se hace sentir tanto en el plano económico como en el político; una crisis institucional visible en todos los sectores, desde el educativo al sanitario. Y una crisis que se caracteriza, también, por su prolongada duración.

Que todo ello –amplitud, intensidad y duración de la crisis– esté siendo especialmente grave en el caso de España se debe, en mi opinión, a una marcada falta de liderazgo político.

En apoyo de esta opinión, me gustaría destacar algunas de las principales dimensiones que caracterizan tanto el concepto de liderazgo como la práctica de los líderes generadores de confianza.

La **primera** es la capacidad para interpretar el mundo en que operamos. Según Peter Drucker, "los tiempos de crisis son tiempos de peligro [y] para un líder, el mayor peligro de todos es no entender, o no querer ver, La Realidad del Entorno".

En la memoria de todos está la demora con que –por incapacidad o por voluntad– se denunció el así llamado estallido de la crisis en España. El hecho es que hace seis años se cometieron tres errores básicos (de entendimiento de la situación, de plazos y de costes) cuyos efectos todavía hoy estamos padeciendo.

El **segundo** pilar fundamental de lo que constituye la esencia del liderazgo es la capacidad para concentrarse en lo realmente importante. Esta capacidad para enfocar lo esencial y evitar lo accesorio quedó acuñada, desde los tiempos del presidente Clinton, con la conocida expresión 'es la economía, estúpido'.

Este afortunado eslogan tiene su inmediata traducción al asunto que nos ocupa: 'Son los votantes, estúpido'; no los votos. Pues el líder político que merece tal nombre se concentra en las necesidades de sus representados, no en el número de votos que le va a permitir seguir valiéndose del escaño.

En **tercer** lugar, no hay liderazgo ni líder que merezcan ser designados como tales si no se encuentran, en su formulación y en su práctica cotidiana, íntimamente unidos a la formación continua. Pues un líder se distingue no sólo por su decidido empeño en la educación de sí mismo, sino también por la forma en que impulsa y garantiza las condiciones que favorecen la formación permanente de los ciudadanos.

Este escenario únicamente es posible en el seno de una sociedad que considera la educación como un asunto de Estado, fuera de la disputa política. Cuando no es así, es decir, cuando el espacio donde se elabora el futuro de una sociedad –el espacio educativo– está sometido a los vaivenes de la política, ni la cultura del liderazgo ni los líderes prosperan. Ahora podríamos preguntarnos si actualmente los dirigentes de nuestro país fomentan la formación y la cultura democrática de forma tal que los ciudadanos juzguemos con mayor fundamento sus decisiones. Mucho me temo que nada más lejos de la realidad.

Finalmente, en **cuarto** lugar, considero que la fortaleza del liderazgo en no importa qué tipo de sociedad –empresa, organización no lucrativa, unidad familiar o país– está determinada por la confianza que inspiren los líderes. Y ésta, la confianza, entendida como sinónimo de liderazgo, no es posible si el líder no es capaz de escuchar, de entender y atender las necesidades (no los deseos) de quienes conforman la organización que lidera.

Sabido es que los líderes peor valorados en las encuestas son los líderes políticos. En mi opinión, la razón que mejor explica estos pobres resultados es su absoluta incapacidad para generar un mínimo de confianza. Los líderes políticos, simplemente, no son creíbles. Por su escasa preparación para interpretar el mundo; por su desacierto en distinguir lo importante de lo accesorio; por su desprecio de la educación, como valor común y espacio donde fabricamos nuestro futuro, y por último, mas no por ello menos importante, por su escasa, si no nula, capacidad de escucha.

No sé cuando terminaremos esta difícil travesía en la que estamos embarcados. De lo que sí estoy plenamente convencido es de que cuando lleguemos al final de túnel y comencemos un nuevo ciclo, una nueva raza de líderes y una ciudadanía más comprometida serán la mejor garantía para evitar errores ya conocidos y hasta entonces conviene no olvidarnos de que todo lo que suceda en nuestra sociedad tendrá mucho que ver con el Liderazgo ó la falta del mismo.

Javier Sada
Fundador del Foro de Liderazgo Club 21
6 de junio de 2013

13. Fomentar la confianza de los ciudadanos

Los ciudadanos y las instituciones políticas convivimos en un territorio del que, por no tener, no teníamos ni mapa. Hasta ayer, jueves 27 de junio de 2013, día en que se hizo público el primer atlas[114]. Un atlas que, entre otras cosas, contiene la relación detallada de las principales organizaciones del mundo que actúan como intermediarias entre las personas y la política. Aquí resumimos la estructura del novedoso **mapa**, recordamos la **brújula** que la Asociación por la Calidad y Cultura Democráticas viene manejando para moverse por este territorio, y anunciamos la próxima **etapa** que queremos recorrer, etapa que nos ha servido para dar título a esta nueva entrada: Nos proponemos fomentar la confianza de los ciudadanos en los partidos políticos.

El mapa

Cuando los cauces entre ciudadanos y política están rotos, o no funcionan, o se animan únicamente cada equis años, la sociedad genera, de forma espontánea, vías alternativas de comunicación entre unos y otros. Estos cauces de circulación periférica (o de 'subpolítica' según algunos expertos) son ocupados por los actores que actuamos de intermediarios entre la ciudadanía y los diferentes ámbitos políticos.

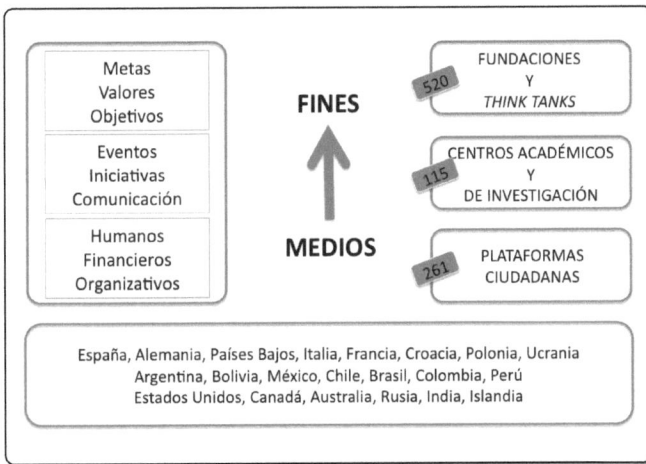

El mapa elaborado por Ester Crespo contiene cerca de 900 entidades de todo el mundo, según se resume en el gráfico adjunto. Este auge constituye un fenómeno social al que, en unos u otros términos, se vienen refiriendo en nuestra sección de testimonios Joan Font (Universidad Autónoma de Barcelona), Javier G. Polavieja (Universidad Carlos III de Madrid), Daniel Innerarity (Universidad del País Vasco) y Robert M. Fishman (Universidad de Notre Dame, USA).

La brújula

La Asociación por la Calidad y Cultura Democráticas trabaja para ayudar a mejorar las relaciones entre los ciudadanos y el sistema político en que nos desenvolvemos. Y, en particular, pero no exclusivamente, entre la ciudadanía y los partidos políticos. Resumimos aquí tres de los rasgos que orientan nuestra acción:

1. No nos interesamos tanto por la transparencia informativa (que también) cuanto por promover el conocimiento ciudadano necesario para poder interpretar las diferentes prácticas políticas. Información no es conocimiento.

2. Más que fiscalizar la actuación de los partidos políticos, nos interesa el empoderamiento de los ciudadanos. Que los partidos sepan que tenemos criterio bien fundado, no sólo que conocemos sus secretos. Ciudadanos competentes, no sólo técnicas *open data*.

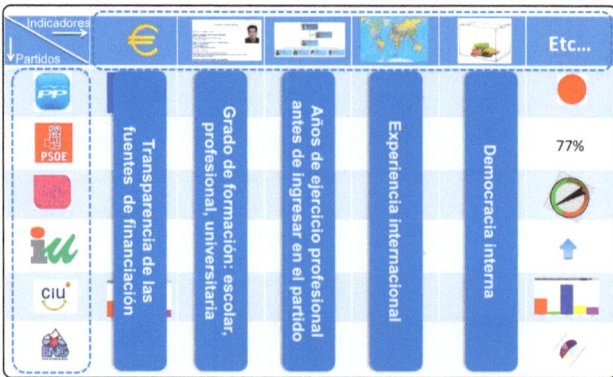

3. Orientamos la mirada de los ciudadanos al interior de los partidos, es decir, hacia su funcionamiento interno, no sólo a lo que nos ofrecen y prometen cada cuatro años, léase, sus programas electorales.

Estos tres puntos configuran la brújula con la que nos guiamos y acometemos la siguiente etapa.

La etapa

Ya lo hemos dicho: el título de esta nueva entrada es un buen resumen de lo que nos proponemos. Queremos fomentar la confianza que tienen los ciudadanos en los partidos políticos. Y nos proponemos hacerlo en beneficio de ambos, como ya saben lo seguidores de este blog. Esta etapa comenzó el pasado lunes, 24 de junio, cuando nos reunimos una decena de personas[115] de 8 a 11 de la noche. Nos dimos cita en *Manolo*, un establecimiento madrileño fundado en el distrito universitario de Argüelles en 1934. Allí debatimos largo y tendido sobre cómo diseñar y poner en práctica el Sistema de Indicadores de Calidad para partidos políticos.

Para ello —nos dijimos— disponemos del primer mapamundi editado hasta la fecha sobre este tipo de cuestiones. Y de ejemplos provenientes de otros campos, como el que ofrece la Fundación Lealtad. Así que, *mutatis mutandis*, inspirándonos en este tipo de guías, podremos aumentar la confianza de los votantes en los partidos políticos, promover el voto responsable y dotar a las formaciones políticas de herramientas que les permitan obtener mejores resultados electorales. Porque como quedó escrito en este mismo blog, "son los votantes, estúpido; no los votos" lo que ha de preocupar a los políticos que aspiren a merecer la confianza de sus representados. De momento, amable lector, toma nota de la imagen adjunta como anticipo gráfico de nuestra propuesta: Un sistema de indicadores de calidad que permita, al mismo tiempo, aumentar la confianza de los ciudadanos en los partidos políticos y, a estos, mejorar sus expectativas electorales.

Saludos cordiales,

Asociación por la Calidad y Cultura Democráticas
1 de julio de 2013

14. La calidad bien entendida (Introducción)

Sistema; indicadores o índices; calidad; partidos, etcétera son términos de amplio espectro. Por eso, estas palabras hacen suponer a quien lee los titulares que ya sabe de qué va la cosa. Y, de esta forma, el lector, en lugar de interpretar el texto que sigue, lo traduce sobre la marcha a su propio idioma, es decir, lo filtra a través de su zona de confort intelectual y, en el mejor de los casos, se queda como estaba, diciendo para sí: 'en efecto, esto ya lo sabía yo'.

Para evitar correr esta suerte, y sin pretensión alguna de ser originales, pero sí claros, Calidad y Cultura Democráticas desea explicar en esta serie veraniega de relatos breves lo que entendemos por Sistema de Indicadores de Calidad (SIC) y lo que, por el contrario, queda fuera del abanico de nuestras pretensiones:

- Nos proponemos empezar con un ejemplo, lo más gráfico posible. Hemos elegido para ello un par de cifras más o menos aproximadas: en 2012, el PP gastó unos 130 millones de euros, mientras que sus ingresos por cuotas de afiliados ascendieron a unos 12 millones. ¿Cómo elaborar un indicador de calidad a partir de estos órdenes de magnitud? Éste será el asunto que trataremos en la primera entrega.

- El segundo capítulo está dedicado a subrayar la diferencia que existe entre un indicador de calidad (para entonces, ya sabremos lo que es esto) y un estándar establecido por quienes tengan competencia para ello. Y es que no es lo mismo aspirar a cumplir un compromiso de calidad, libremente adquirido, que pretender ajustarse a unos estándares que estén, de una forma u otra, aceptados por la comunidad y considerados como de obligado cumplimiento.

- Una vez sabido en qué consiste y cómo se elabora un indicador de calidad, y sin temor a confundirlo con un estándar, la cuestión a debatir en la tercera entrega es el dónde: ¿Dónde aplicar los indicadores de calidad? ¿Proponemos aplicarlos a lo largo de los procesos de trabajo que tienen lugar en el interior de los partidos políticos? O, por el contrario, ¿nos proponemos evaluar 'la calidad' del producto final, es decir, 'la calidad' de los programas electorales que, cada equis años, los partidos someten a la consideración de los ciudadanos-votantes?

- Aclaradas estas tres primeras cuestiones (en qué consiste un indicador de calidad; qué lo diferencia de un estándar, y en qué ámbito –si procesos o productos– nos proponemos aplicarlo) la pregunta planteada en el cuarto relato breve de este verano es la siguiente: Y todo esto ¿qué tiene que ver con la tan traída y llevada exigencia de Transparencia? La Transparencia (poner a disposición de la ciudadanía información que estaba oculta) sirve para someter a los partidos a "un marcaje público, que no es acoso, para que al menos no duerman tranquilos"[116]. **Hacer públicos los indicadores de calidad es otra cosa: es adquirir un compromiso público que permita elevar la confianza de los ciudadanos en la operativa de los partidos y, 'por el mismo precio', mejorar las expectativas electorales de estos.**

- La calidad bien entendida o, al menos, la calidad tal como la entendemos quienes trabajamos en esta iniciativa, es un concepto y es una práctica en torno a la relación que se establece entre estos dos agentes: los ciudadanos y los partidos políticos. Y es una relación que responde a la idea de círculo virtuoso: cuanto más interaccionan los dos agentes, más y mejores logros se alcanzan en beneficio de ambos. Nada que ver con la idea de círculo vicioso, como el que, en determinadas circunstancias, forman, por ejemplo, los políticos y los promotores urbanísticos, los conductores y los peatones o las empresas patrocinadoras y sus patrocinados. Este el asunto tratado en la quinta entrega o relato breve.

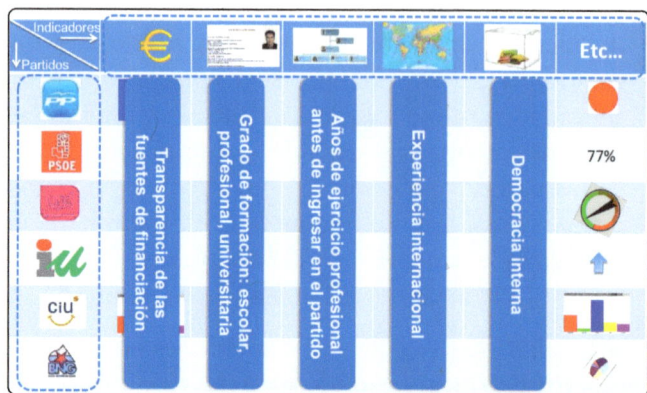

- Pues bien, y por último, ¿cómo se está construyendo todo esto? ¿Cómo estamos diseñando y poniendo en práctica el Sistema de Indicadores de Calidad (SIC)? Lo estamos haciendo según nuestro lema: investigando con excelencia científica, comunicando con profesionalidad y ejecutando cada golpe con precisión, un imaginario híbrido entre Santiago Ramón y Cajal, Karlos Arguiñano y Roger Federer, por ofrecer una imagen que facilite visualizar lo que decimos. Paso a paso. Y con la mente puesta en figura 14a que acompaña estas palabras. Una tabla que nuestros seguidores ya conocen.

Deseamos que este *briefing* anime a muchos ciudadanos a apoyarnos con sus ánimos, ideas y sugerencias. Y también con sus donaciones. De este modo, el Sistema de Indicadores de Calidad será el resultado de la colaboración ciudadana y de los propios partidos. Y lo será en beneficio de ambos. Y, por tanto, lo será en beneficio de todos, es decir, de una sociedad en la que, por fin, al interés individual ('¿Qué hay de lo mío?') se le sume el interés por el bien común.

Saludos cordiales,

Asociación por la Calidad y Cultura Democráticas
18 de julio se 2013

15. La calidad bien entendida (1)

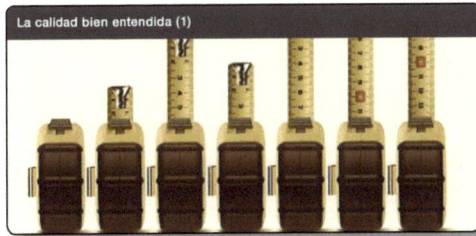

Esta es la primera de las seis mini entradas que componen la serie La calidad bien entendida. De este modo inauguramos la campaña de divulgación sobre el SIC, el Sistema de Indicadores de Calidad. Se trata de una de las iniciativas que dieron lugar al movimiento por la Calidad y Cultura Democráticas.

Aquí entendemos que la idea y la práctica de "calidad" están indisolublemente unidas al futuro, es decir, a lo que está por venir; no a lo ya ocurrido ni a lo que está sucediendo. Pongamos, como prometimos, un ejemplo para empezar, un ejemplo a caballo entre la realidad y la ficción. Tomemos un partido político[117] que emplea 29.243.694,38 € en gastos de personal en el año 2008 y que, en ese mismo año, ingresa por concepto de cuotas 11.478.518,86 €. Por tanto, para ese partido, en ese año, **las cuotas de sus afiliados equivalen al 39 % de los gastos de personal**. Aunque aún hoy estas cantidades se encuentran pendientes del informe definitivo del Tribunal de Cuentas, podemos decir que, euro arriba o abajo, reflejan una realidad. A partir de aquí, cambiamos de tercio para pasar al terreno de la ficción.

Evolución del porcentaje de ingresos por cuotas de afiliados con relación a los gastos de personal

143

Supongamos que esa misma formación política incluye en su agenda de planificación estratégica el siguiente análisis: "¿De qué factores (al margen de lo que prometamos en los programas electorales) depende el que la confianza de los ciudadanos en nuestro partido aumente o disminuya?". Y, puestos a suponer, imaginemos que los estrategas del partido llegan a la conclusión de que uno de los principales factores de confianza ciudadana es, por ejemplo, la parte (pequeña o grande) de los gastos de personal que podría pagarse con las cuotas de sus afiliados: Si una gran parte, mucha confianza; si una parte pequeña, poca confianza .

Contamos con la complicidad de nuestros visitantes, por lo que asimismo damos por supuesto que, a estas alturas del ejemplo, ni la fuente de donde están tomadas estas cantidades declaradas, ni los millones de euros propiamente dichos, ni la ratio imaginada por los estrategas del partido (cuotas de afiliados/gasto de personal), van a ser objeto de discusión. Contamos con que nuestros lectores entenderán todo ello como lo que es: un mero ejemplo, mitad real, mitad imaginado, del que nos servimos para intentar explicarnos con claridad. Pues lo que en verdad queremos someter a debate aquí es la idea que proponemos. Y lo que proponemos es que los partidos adquieran el hábito organizativo de (a) marcarse unos objetivos, a la manera de los imaginados en el gráfico adjunto, (b) anunciarlos dentro y fuera de sus organizaciones y, periódicamente, (c) tomar las medidas que permitan ir afinando el tiro hasta conseguir alcanzar los objetivos deseados. En este contexto, los "indicadores de calidad" no reflejan situaciones pasadas ni presentes, sino que representa un compromiso con el futuro. Y los denominados indicadores 'de calidad' porque, en esta jerga, **actuar con calidad equivale a proponerse unos objetivos e ir tomando medidas, con la frecuencia necesaria en cada caso, para alcanzarlos.**

Como es fácil suponer, serán muchas y de muy diferente índole las medidas que los responsables del partido deben idear y poner en marcha para conseguir, año tras año, los objetivos propuestos. Y así será en este campo, citado a modo de ejemplo, como en cualquier otro. Por eso sostenemos que al **emprender la senda de la mejora continua,** por muy concreto y parcial que sea el punto en que se inicie, se **acaba por dar la vuelta a la organización**.

Entre las noticias positivas que estos años de crisis y desconcierto han traído consigo destacamos una: la proliferación de organizaciones que, mejor o peor estructuradas, actuamos como intermediarias entre la política y la ciudadanía. Recientemente, dábamos cuenta en este mismo blog del exhaustivo trabajo realizado sobre este asunto por Ester Crespo como proyecto del Máster que cursó en Comunicación, Cultura y Ciudadanía Digitales. Calidad y Cultura Democráticas se desenvuelve dentro de este prometedor despertar de la así llamada sociedad civil. La forma en que los ciudadanos pueden ubicarnos, con precisión y rapidez, dentro de este vasto panorama es muy sencilla: Es suficiente con que recuerden un par de rasgos definitorios de nuestra personalidad:

- Actuar con calidad equivale a comprometerse, interna y públicamente, **con el futuro**, poniendo el foco en aspectos concretos y medibles

- Actuar con calidad no es equivalente a, ni es incompatible con, la obligada transparencia informativa de las instituciones. Pues mientras la transparencia es una cualidad exigible que dificulta comportamientos corruptos, **la calidad es un compromiso deseable que favorece la confianza mutua entre ciudadanos y partidos políticos**

En las siguientes cinco entregas seguiremos repasando, sin temor a ser tachados de redundantes, estos y otros aspectos por los que se distingue el Sistema de Indicadores de Calidad.

Saludos cordiales,

Asociación por la Calidad y
Cultura Democráticas
4 de agosto de 2013

16. La calidad bien entendida (2)

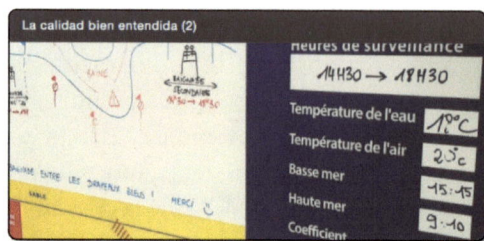

En la anterior entrada ofrecimos un ejemplo, mitad real, mitad imaginado, de lo que es y cómo se elabora un "indicador de calidad" de un partido político. En esta segunda entrega de la serie *La calidad bien entendida* orientamos la atención de nuestros visitantes hacia otro aspecto de la cuestión. Nos referimos a la diferencia que existe entre este tipo de informaciones (indicadores de calidad) y otros símbolos o informaciones que circulan a diario en la sociedad. ¿Qué significados encierra un indicador de calidad hecho público por un partido político? ¿Cómo puede distinguirlos el receptor, el ciudadano, el votante, el lector, el oyente, el peatón –según sea el medio por el que se publicita o difunde el indicador?

Significados implícitos

Recordemos el ejemplo de la semana pasada. Un partido político se propone alcanzar el siguiente objetivo: Pasar en tres años (2013 – 2015) de una situación en la que sus ingresos por cuotas de afiliados suponen el 38% de los gastos de personal, a tener el 45% de estos gastos cubiertos por igual concepto. Lo que significa, en pocas palabras, plantearse un aumento de 7 puntos porcentuales en 3 años.

Y supongamos que la dirección del partido comunica su decisión dentro de la organización, tanto central como territorial, así como a la ciudadanía. Lo puede hacer por carta, y enviar ésta por correo postal o electrónico; o mediante mensajes a través de las redes sociales; o durante un discurso con motivo de no importa qué ocasión; o bien 'colgándolo' en la Web del partido y, también, en vallas publicitarias; o dándolo a conocer durante un curso de verano en la universidad de turno; o mediante campañas mediáticas, en radio, prensa y televisión, en fin, de mil formas diferentes y otros tantos formatos, fundamentalmente textual, gráfico o audiovisual. Los expertos en comunicación aconsejarán lo mejor en cada caso, en función del público objetivo, las circunstancias del momento y muchas otras consideraciones.

¿Cuál es la significación o sentido de las palabras y frases empleadas en un anuncio de este tipo? Veamos. Un anuncio de estas características lleva implícito que quien lo emite:

1. Tiene **voluntad** de mejorar su actividad profesional

2. Ha identificado y seleccionado **áreas concretas** de mejora, como la que acabamos de recordar, o la de este nuevo ejemplo: El caso de un partido que no está satisfecho con la baja experiencia internacional de sus dirigentes

3. Ha determinado en qué **grado o cuantía** se propone solucionar los problemas identificados

4. Ha estimando **los plazos** en que cree viable conseguir lo que se ha propuesto

5. Se ha comprometido, **interna y públicamente,** en el cumplimiento de unos determinados objetivos

6. Está dispuesto a 'ir corrigiendo el tiro' **durante el proceso de mejora**, es decir, a ir tomando las medidas que crea necesarias para conseguir el objetivo marcado en el tiempo convenido

7. Sabe analizar, en el caso de no alcanzar los objetivos en el plazo establecido, los **motivos de la desviación**: objetivos mal establecidos y/o ejecución deficiente de las medidas previstas

8. Deja preparado el camino de la **mejora continua**: una vez alcanzada o reformulada la meta, marcará otras nuevas en las mismas áreas ya mejoradas y/o en otras diferentes

Otros indicadores, otros símbolos, otras informaciones

Esta lista de ocho puntos no es, ni mucho menos, exhaustiva. Esta lista sí es, empero, suficientemente indicativa de lo que implica un 'indicador de calidad'. O, al menos, es lo bastante expresiva como para que nuestro lector se haga una idea rápida y cabal de la diferencia que existe entre un 'indicador de calidad' y el resto de los centenares, miles, millones acaso, de símbolos de toda naturaleza y condición que invaden nuestras vidas las 24 horas del día, 7 días a la semana. En este mar de informaciones y símbolos, un 'indicador de calidad' significa muchas cosas como las apuntadas aquí, sin pretender representar otras tantas.

Qué hacen nuestros diputados[118]; a dónde van nuestros impuestos[119]; qué dice el indicador de eficiencia del ayuntamiento[120] de mi pueblo; ¿cómo van los indultos[121] concedidos por éste y anteriores gobiernos?; cuáles son los índices de transparencia de las comunidades autónomas[122] son apenas media docena mal contada de ejemplos de muy variada índole, pero pertenecientes todos al ámbito de la actividad política, e informaciones todas elaboradas con un deseado y último fin: conseguir un sistema democrático mejor.

Diputados, impuestos, ayuntamientos, indultos, comunidades autónomas, etcétera: No es necesario ampliar la relación de fuentes, ratios, informes, iniciativas, para que la **expresión vertebral de esta serie** adquiera todo su relieve: Un 'indicador de calidad', emitido por un partido político, es un mensaje que informa de la decisión de mejorar un determinado aspecto de su actividad, y de hacerlo dentro de un período de tiempo dado. Es, en otras palabras, **un compromiso de futuro, no una película del pasado ni un fotograma del presente**. Tampoco es una nota o calificación sobre 10. Entre otras razones, porque en estas materias nos encontramos aún muy lejos de poder establecer, de forma consensuada, patrones o estándares. Todo se andará, cuando las organizaciones políticas y, sobre todo, la ciudadanía colaboren en pos de esta meta común en beneficio de todos.

Un 'indicador de calidad', en fin, no es una medida que indique cuánto nos apartamos de la perfección; ni un límite que no deba transgredirse; ni una advertencia sobre la proximidad de un peligro. Los 'índices de calidad' no prohíben ni aconsejan; no previenen ni restringen; sólo informan de un propósito adoptado libre y soberanamente. Nada más. Y nada menos.

Y en cuanto a su utilidad, el servicio que presta un sistema de indicadores de calidad (SIC) no es 'sacar los colores' de los partidos que, por ejemplo, no hagan públicas sus cuentas o se retrasen en su publicación, como exige la más elemental de las medidas de transparencia. No es la primera, ni será la última vez que lo decimos: actuar con calidad no equivale a, ni es incompatible con, la obligada transparencia informativa de las instituciones. Y es que mientras la transparencia es una cualidad exigible que dificulta comportamientos corruptos, la calidad es un compromiso deseable que favorece la confianza mutua entre ciudadanos y partidos políticos.

Venimos hablando de los indicadores de calidad, mas únicamente en el ámbito de los partidos políticos. Una vez completemos esta serie, *La calidad bien entendida*, ampliaremos su campo de aplicación, desde la Casa Real hasta la institución pública de menor tamaño y más reciente constitución, ambas inclusive.

De momento, sin salirnos del terreno de juego inicial, y según el plan anunciado, dedicaremos la próxima entrada de esta serie a reflexionar sobre dónde aplicar los 'indicadores de calidad'. ¿Proponemos aplicarlos a lo largo de los procesos de trabajo que tienen lugar en el interior de los partidos políticos? O, por el contrario, ¿nos proponemos evaluar 'la calidad' del producto final, es decir, 'la calidad' en el cumplimiento de las promesas electorales que, cada equis años, los partidos someten a la consideración de los ciudadanos-votantes? Con las respuestas a este tipo de cuestiones, habremos alcanzado el ecuador de la presente serie de divulgación.

Saludos cordiales,

Asociación por la Calidad y Cultura Democráticas
9 de agosto de 2013

17. La calidad bien entendida (3)

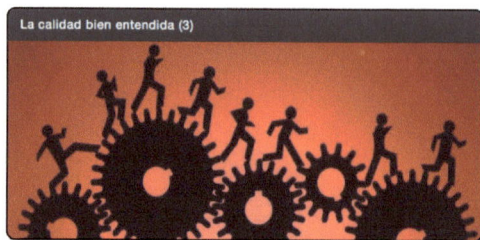

Hemos dado cuenta ya del significado que adoptamos cuando hablamos de Indicadores de Calidad –ese compromiso con el futuro– y a qué calidad nos referimos –aquella que se define por acumulación de experiencia en ambos sentidos, o sea, los partidos políticos y los ciudadanos–. Prosigamos nuestra peculiar andadura estival acotando aún más esa idea tan peligrosamente escurridiza: calidad. Tres veces nombrada en un mismo párrafo, no es casual.

En Calidad y Cultura Democráticas queremos dejar aún más claro que nos proponemos **la mejora de los partidos políticos**, convencidos de que es una condición imprescindible para poder superar la crisis en la que evidentemente están sumergidos; en ningún caso su desaparición, lo que consideraríamos un fracaso democrático. Una de las razones del dislate del que somos espectadores y partícipes es el *círculo vicioso* – tema del que daremos cuenta en el quinto capítulo de esta serie– que se genera con la infidelidad de los electores y la derivada relajación en los compromisos ideológicos de los partidos. O, dicho de otro modo, **la debilitación de la idea de programa electoral, consecuencia o causa del escepticismo de aquellos a quienes va dirigido.**

Existe por tanto la posibilidad de confundir la diana que hemos colgado en nuestra puerta y creer que el objetivo que aquí historiamos es el de los programas electorales, es decir, el producto final de los partidos políticos, y no el proceso de trabajo necesario para obtener un documento como ese. Con estas letras intentaremos que esa confusión quede del todo apartada.

"La organización es el arma de los débiles contra el poder de los fuertes", nos recuerda Innerarity en el mismo escrito[123] al que aludíamos anteriormente, y es precisamente ahí, en la organización, en el flujo de trabajo de las organizaciones que deben regir entidades como los partidos políticos, donde concebimos que hay que centrar el marcaje, la propuesta de calidad. El fruto que de ahí se obtenga será, de este modo, y por consecuencia, un producto impregnado de ese atributo, independientemente de la ideología con la que esté planteado.

Cuando hablamos de flujos de trabajo lo hacemos pensando en el dinero, las personas, la propia organización y la producción. Algunos podrían llevarse las manos a la cabeza cuando nos referimos en términos organizativos a una formación tan devaluada como un partido político. Pero si no lo hacemos de esa manera, si no lo pensamos como la maquinaria que tiene que ser –para, entre otras cosas, conservar su existencia–, dejando aparte su componente ideológico, **corremos el riesgo de instaurar una idea contraria a la nuestra:** la idea de que, en un concepto abstracto como en el que da la sensación de estar cayendo –literalmente– el significado del propio partido político, **se opte por su exterminación en vez de por su regeneración**. Apostamos y trabajamos, como hemos expresado varias veces, por lo segundo.

Nos encontramos con un elemento de disconformidad a la hora de tratar estos temas: no conceder a una organización como la de un partido político el rango al que se le asigna, por ejemplo, una estructura empresarial. **No son términos elitistas, ni provenientes de la "clase alta"** –lo que no procede del "pueblo"–, como se achaca en algunos círculos. En realidad creemos que se trata de una errónea interpretación del sentido oligárquico de unas instituciones que, se quiera o no, necesitan de un sistema de organización. Oligarquía y organización, pues, deberían entenderse separadamente en el ámbito en el que nos movemos, puesto que sin esa distinción la aversión crecerá y el movimiento se ralentizará.

Así pues, **el Sistema de Indicadores de Calidad estará irremediablemente dedicado a ese proceso de organización/producción, y de ningún modo a la evaluación de sus programas electorales y su cumplimiento**. En otras palabras, pretendemos provocar el compromiso de calidad de futuro de la estructura sabiendo que el resultado o su producto final deberá estar acorde con la mejora de su proceso de trabajo.

En la próxima entrega discerniremos entre la difusión de cifras y hechos hasta ahora velados –la cacareada transparencia– y el hecho de dar a conocer precisamente los elementos que, en el proceso de trabajo, un partido político se compromete a mejorar, eso que incumbe, como hemos dicho, a personas, dinero, organización y producción. Con este argumento claro, el perfil de los Indicadores de Calidad va quedando todavía más pulido.

Saludos cordiales,

Asociación por la Calidad y Cultura Democráticas
14 de agosto de 2013

18. ¿Eres político o eres un idiota?

¿Eres político o eres un idiota?

Mucha gente desconoce que la palabra idiota proviene del término griego *idiotes*, con el que se definía en la Grecia Clásica a quien, a pesar de tener la condición de ciudadano y de reunir una serie de requisitos que le permitían participar en los asuntos públicos, eludía ejercer de forma activa la condición de político para dedicarse exclusivamente a sus asuntos privados. (Y por si no lo saben, político viene de polis, y un político no era otra cosa que un ciudadano, es decir, una persona con derechos políticos, que residía en la polis). Se podría decir, por tanto, que un idiota es el que sigue al pie de la letra el conocido consejo de Franco de hacer como él y no meterse en política. Hoy, muchos años después de la muerte del dictador, seguimos siendo un país de idiotas. Todo un logro que hay que reconocerle al caudillo, entre otros.

Una de las formas más sencillas de reconocer a un idiota es fijarse en la persona verbal que emplea a la hora de hablar de política. Para un idiota, solo existe la tercera persona, o como mucho la segunda, pero nunca la primera. Todo se reduce, casi siempre, a lamentar "lo que hacen los políticos" o a esperar, si hemos amanecido optimistas, a que "venga alguien honrado, eche a estos sinvergüenzas y lo arregle todo". Como si el problema político fuera un problema doméstico, por ejemplo la tubería de tu casa que se ha atascado. Y es que el idiota cree que un problema político no es más que otro problema doméstico que hay que dejar en manos de profesionales. Del fontanero político de turno, que ya sabemos que suele cobrar en B.

La única manera de revertir este estado de las cosas, que ha convertido la idiotez en el sentido común en materia política, es comenzar cambiando la tercera por la primera persona. Ya es hora de que nos demos cuenta de lo que no podemos hacer "nosotros, los ciudadanos, los verdaderos políticos" y sobre todo, de lo que sí podemos hacer para "echar nosotros a estos sinvergüenzas y arreglarlo (nosotros)".

Como me dijo hace años un veterano político, "espacio de poder que tú no ocupes, otro lo ocupará por ti". Este es el motivo de que a ciertos poderes les convenga tanto una ciudadanía idiota que no participa en ninguno de estos espacios. Por supuesto, siempre hay excusas: no se participa en los partidos, "porque todos los partidos son iguales"; tampoco en los sindicatos "porque todos los sindicatos son unos vendidos". En el caso de los movimientos sociales, si bien resulta más complicado encontrar una excusa para el idiota, este siempre puede alegar que son todos unos "perroflautas" o incluso unos "nazis" peligrosos.

Y si bien es cierto que los espacios de participación política que hay son más que criticables en demasiadas cosas, no es menos cierto que estos defectos se deben principalmente a la poca participación ciudadana que hay en los mismos. El resultado de esta exigua participación es el escaso poder de presión de las bases sobre las cúpulas de estas organizaciones, llámense partidos o sindicatos.

Imaginemos qué pasaría si, por ejemplo, la afiliación de los trabajadores españoles a los sindicatos no fuera del 15%, sino del 80% o del 90%. Evidentemente, esas altísimas cifras responderían a la existencia de una clase trabajadora mucho más consciente y participativa, y por tanto menos idiota y alienada, de la que tenemos actualmente. Y con unas bases tan movilizadas y conscientes, poco importarían los desmanes, privilegios y corruptelas de las cúpulas sindicales, ya que el verdadero poder estaría en las bases, y no dudarían en usarlo para decapitar políticamente a quienes les representan en caso de que no cumplieran diligentemente con sus obligaciones.

Este ejemplo de los sindicatos se puede aplicar también a los partidos y a cualquier otro espacio de poder político, incluyendo a los movimientos sociales. Movimientos sociales que cuando crecen y se hacen verdaderamente populares también son capaces de influir notablemente sobre los propios gobiernos y los partidos políticos que los sustentan.

Influir sobre el poder es también el objetivo de Calidad y Cultura Democráticas, este nuevo espacio que nos plantea **la creación, a través de la participación ciudadana, de un Sistema de Indicadores de Calidad (SIC) que permita a los partidos políticos emprender la senda de la mejora continua en sus actuaciones y procedimientos**. Se trata de que la ciudadanía piense en qué ámbitos le gustaría que los partidos políticos fueran más transparentes, democráticos y eficientes (por ejemplo, en temas como la financiación del partido, el nivel de estudios y de idiomas de sus dirigentes, el grado de democracia interna en la toma de decisiones, etc.), para elaborar en base a esos criterios dichos indicadores de calidad, que además perseguirían una serie de objetivos mensurables cualitativa y cuantitativamente.

Poner algo así en marcha tiene la gran ventaja de que convierte a los partidos en entidades que deben esforzarse en mejorar continuamente, día a día. De este modo se supera ese flojo concepto de la democracia que defienden los que opinan que ser ciudadano consiste en participar un día con el voto, para ser idiota los restantes 364 días del año. En cambio, los indicadores de calidad se están construyendo y revisando continuamente, y según se van perfeccionando, se va perfeccionando también nuestra propia condición de ciudadanos y nuestra competencia política. Podríamos concluir, por tanto, que este proyecto es un saludable remedio contra la idiotez. Enfermedad que debemos superar cuanto antes, ya que perjudica no solo al enfermo, sino a toda la sociedad.

Daniel Jiménez
Redactor de Noticias Positivas y activista ecologista
19 de agosto de 2013

19. La calidad bien entendida (4)

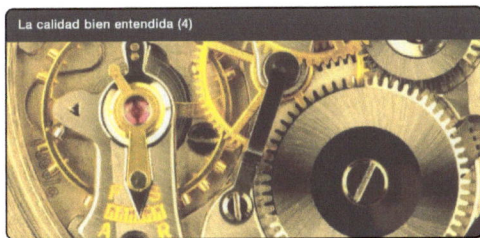

La calidad bien entendida (4)

No nos engañemos, **no existen las panaceas** –"Mientras haya vida habrá cáncer; es el precio que pagamos por estar vivos"[124]–, y nuestra propuesta tampoco lo será. Eso sí, creemos que la iniciativa del Sistema de Indicadores de Calidad (SIC) ayudará a mejorar notablemente un elemento tan degradado de la democracia como los partidos políticos y nuestra relación con ellos. Nuestra propuesta aumentará, permitidnos decir de nuevo, nuestra cultura política, camino de una sociedad más equitativa.

En este momento, lo que nos interesa es **distinguir entre la publicitada** *transparencia* (de cómo se han hecho o se están haciendo las cosas) **y unos indicadores de** *calidad* (de cómo nos proponemos trabajar a partir de mañana). Para ello quizás sea preciso simular el juego de las diferencias, por aquello de intentar ser amenos y constructivos. Vayamos a ello.

La *transparencia* **es una cualidad necesaria, exigible, "para que no duerman tranquilos", mientras que la** *calidad* **es un compromiso con el futuro.** La primera supone una zancadilla a la corrupción, una herramienta de apertura –o abrelatas– que no implica necesariamente una mejora –sobre todo si el producto que se descubre ya ha caducado–, ni siquiera garantiza que la evite; encarna un sistema de vigilancia, lo cual significa que no consentimos. Es cierto: no es poco. La calidad debería forjar, puesto que se trata de un compromiso público, un aumento de la confianza que se genera hacia la ciudadanía y, a su vez, un aumento de las expectativas electorales, una mejora sustancial en la forma de trabajar por parte de los partidos políticos. Así pues, la diferencia es notoria: **la** *transparencia* **es una cualidad (más) que pone trabas a la corrupción pero que no supone necesariamente**

155

una mejora, mientras que la *calidad* es un compromiso que genera confianza e implica, inexorablemente, una mejora.

La *transparencia* debería ser una actitud que diera como resultado la publicación de datos abiertos. El Sistema de Indicadores de Calidad (SIC), en cambio, pretende compilar y elaborar datos trascendentes para la obtención de un compromiso de calidad con el futuro. La *transparencia* alumbra como lo hace un único foco potente, puntual, en un gran escenario, dejando el resto en penumbra u oscuridad; la *calidad* arroja el tipo de luz que permite hacerse una idea clara de todo el escenario. Aquí el escenario, repetimos, son los partidos políticos, no un Estado, al que le consentimos claroscuros siempre y cuando "suministre prosperidad y libertad de forma ecuánime"[125].

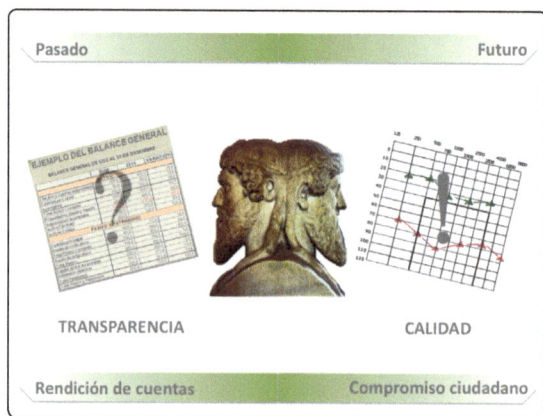

El camino de la búsqueda de la verdad que está implícito en la *transparencia* nos inundará, lo tememos, de información debido precisamente a la publicación de la cantidad ingente de datos –¿incapaces de enjuiciar?– que supondría la generación de la transparencia económica, financiera y de democracia real[126]. Esto no debería suponer, de hecho, óbice para exigirla y conseguirla, pero del mismo modo surgen unas cuantas preguntas que tendríamos que ser capaces de responder. Por ejemplo, **¿sería probable que creyéramos, llegados a la creación de ese mundo de cristal, que ya lo hemos resuelto todo?** ¿Cabría la posibilidad de creer que ya está, que, dado que son "los otros" los que vemos desnudos, nosotros no tengamos más que hacer? ¿Nos instalaríamos y conformaríamos con el mero linchamiento en vez de con la reconstrucción política? ¿Estaríamos entrando, dado el peligro del bochorno ajeno, en un estado de indeseable morbo? En el caso de no conformarnos con la publicación bruta de toda esa información, ¿cómo se fabricaría la confianza de quien o quienes procesarían esos datos? En fin.

Nos repetimos, pero así tenemos que transmitirlo: **la *transparencia* es absolutamente necesaria**. No hay mucha más alternativa que provoque un comienzo de regeneración de la confianza, pero eso no puede hacer que se nos nuble la vista, que creamos que es el fin y no un medio más, que caigamos en la trampa de no dejarnos discernir entre lo trascendente y lo intrascendente. Al asumir la *transparencia* como una descarga de conciencia, como la presunción de que ya está todo hecho, **el compromiso podría desaparecer**. La *transparencia* es necesaria, pero de ningún modo suficiente.

Mucho más urgente que la regulación de la *transparencia* es la reconstrucción de la responsabilidad de las élites. Con esa premisa, el SIC pretende alumbrar un escenario entero, basado en datos abiertos que apuntan a un futuro a través del compromiso, provocando esa reconstrucción de la responsabilidad que necesitamos. Y no sería deseable, de ningún modo, que se confundiera con una cualidad tan ansiada como la de la *transparencia* en las instituciones.

Compromiso que provoca confianza en los ciudadanos, *calidad* que evoca mejores resultados en ambos sentidos... Se trata, de hecho, de un círculo virtuoso en el que deberíamos introducirnos, tema del que hablaremos en el siguiente capítulo, penúltimo de la serie sobre *La calidad bien entendida*.

De momento, he aquí un resumen de lo dicho. Calidad y Cultura Democráticas trabaja, también, para **desactivar esta paradoja**: La *transparencia* es necesaria; pero cuando se limita a satisfacer la curiosidad ciudadana o a sonrojar a las instituciones opacas, oculta la raíz de los problemas.

Saludos cordiales,

Asociación por la Calidad y Cultura Democráticas
22 de agosto de 2013

157

20. La calidad bien entendida (5)

Los llamamos círculos porque esa pinta tienen cuando los distinguimos desde arriba. Ahora veremos cómo basta rotarlos un poco o movernos nosotros para entender si son viciosos o virtuosos, admirarlos en su plena magnitud. Así sabremos si se corresponden con el "círculo" al que convendría abrazarnos o, por el contrario, si se trata de aquel del que nos gustaría escapar.

Este tema viene al caso de nuestro empeño por seguir transmitiendo lo que concebimos por calidad, que es, repetimos, a lo que aspiramos desde esta parcela como ciudadanos, al menos en el ámbito político; más concretamente, en **nuestra relación como ciudadanos con los partidos políticos**.

Intentemos así vislumbrar un gran favor, centrándonos en lo bueno que podemos inyectar a los partidos y el bien que, indefectiblemente, nos debería ser retornado. De este modo haremos funcionar ese círculo o rueda que, tal y como lo pensamos nosotros, es incluso mejor: una espiral hacia la virtud o, si se prefiere, hacia un indudable triunfo.

De círculos viciosos –comúnmente, la pescadilla que se muerde la cola– estamos rodeados. Hay incluso quien los compara con ese círculo perfecto del que no se sale, al cerrarse de manera perfecta, "condenado a la eterna y boba rotación trivial". En realidad, tal y como lo entendemos desde la Asociación, se trata, al igual que el círculo virtuoso, de **una espiral que, girando, tiende hacia lo profundo, en un sentido claramente negativo**. Es, dicho de otro modo, una suerte de remolino que, dependiendo de la perversidad de su funcionamiento, dispondrá del vórtice más o menos alejado de lo que veíamos como un círculo en primera instancia. Ir hacia abajo es una tendencia natural, ya que apenas supone esfuerzo: se trata de dejarse caer. Así que, gracias a una naturaleza perezosa, nos unimos con avenencia y connivencia a este tipo de remolinos de modo diríamos que hasta oriundo.

Como muestra de estos dislates, podemos mencionar el espacio de trabajo, tristemente común, en el que se frena al afanoso para no delatar la dejadez de los demás compañeros. Digamos que el bienintencionado se da de bruces, más que entrar por la tangente, con ese círculo al que casi con toda probabilidad acabará perteneciendo. El sistema es sencillo y dañino a partes iguales, como el que rastran, por ejemplo, la ignorancia y el desapego; de ahí, seguramente, su eficacia: no acabará siendo, quizás, un remolino muy profundo, pero como todo remolino, gozará de un vórtice por el que, en el mejor de los casos, irán cayendo los detritos.

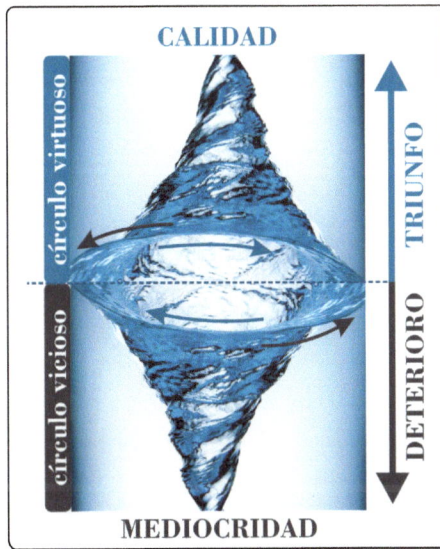

Otro ejemplo: la posible relación aviesa entre un político y un promotor inmobiliario da como resultado un círculo con tendencia a una baja algo más pronunciada.

Porque para todo hay clases. Pero no deja de pertenecer, en esencia, al mismo funcionamiento defectuoso que deteriora todo lo que pilla a su paso. De igual forma, podríamos hablar de la dependencia perversa –un agujero algo más insondable si apuramos– que se establece entre algunas empresas sociales y sus patrocinadores o, mismamente, entre los medios de comunicación y estos últimos. **Al parecer, cuanto más hondo, más destructivo.**

Hablemos ahora en positivo, es decir, de lo que tiene posibilidad de alzarse. Lo que nos ocupa de estos particulares sistemas de adaptación –ya sea por vía del vicio o la virtud, de la vileza o la excelencia– es, como decíamos al principio**, la calidad que resultaría de la buena práctica entre los ciudadanos y los partidos políticos.** En el anterior capítulo hacíamos referencia al círculo virtuoso –gráficamente, un remolino invertido– que se crea situando a la calidad en el preciso vórtice. Se trata en realidad de una espiral que crece hacia arriba alimentada por la virtud. Cada vuelta, cada recorrido completo, es un escalón más en su empeño por la cumbre. En el caso de la fabricación de **un Sistema de Indicadores de Calidad dirigido a los partidos políticos, supondría provocar un compromiso de futuro que inyectase confianza en nosotros e implicase una mejora tanto para los unos como para otros, los ciudadanos.** Hacer girar semejante rueda para elevar el vórtice hasta cotas considerables requiere de una buena dosis de energía y convicción. Y es exactamente esto en lo que desde aquí nos empecinamos.

Una vez definido el concepto de calidad al que apuntamos, y habiendo ya esculpido el punto de partida de lo que debería ser el Sistema de Indicadores de Calidad, daremos comienzo con el círculo –que se convertirá en una espiral con ansias de elevarse–. Para ello nos meteremos de lleno en cómo pretendemos elaborar los indicadores y dando a conocer cuál es nuestro inmediato plan de trabajo. Eso será en nuestro próximo y último capítulo de la serie.

Saludos cordiales,

Asociación por la Calidad y Cultura Democráticas
29 de agosto de 2013

21. ¿Por qué participar?

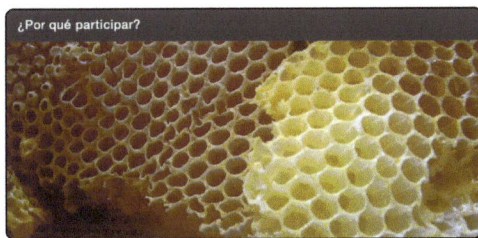

"La participación ciudadana es el corazón de la democracia". En el 95 Verba, Sholzman y Brady resumían así lo que conlleva la presencia de los ciudadanos en política. Su idea sobre lo que es implicarse en los asuntos públicos es una de las muchas que reclaman el poder que debe tener la sociedad en el entramado político. Todas ellas, y yo me uno, quieren transmitir la importancia de que colaboremos, ya que el único tipo de democracia que puede existir es el que nace continuamente del pueblo.

Los ciudadanos solemos sentir desafección por la política, pero esto sucede porque relacionamos la política solo con ellos, con aquellos que votamos una vez cada cuatro años y que son los encargados de dirigir y decidir sobre todos los asuntos que nos conciernen directamente. Sin embargo, aunque digamos frases como que no nos interesa la política o que la política solo está en manos de unos pocos, ésta concierne todos los ámbitos de nuestra vida: afecta a nuestras viviendas, a nuestra educación, a nuestra salud, etcétera. Incluso en nuestra vida privada estamos continuamente tomando decisiones políticas. Por poner un ejemplo, la decisión sobre dónde ir de vacaciones con la familia se puede tomar de forma democrática, por todos los miembros de la casa, o no.

Al margen de este último ejemplo, la participación ciudadana en los asuntos públicos es vital para que la democracia se sostenga. Por ello, el **Sistema de Indicadores de Calidad (SIC), que la Asociación por la Calidad y Cultura Democráticas está poniendo en marcha, necesita de nuestra participación e implicación** para intentar mejorar una práctica política en la que no confiamos. **Con el poder**

de la gente y de Internet, el trabajo de los gobiernos puede ser mucho mejor.

Existen ya proyectos en otros lugares del mundo que, mediante la implicación ciudadana, están mejorando la gestión política. Code for America, en Estados Unidos, es un ejemplo de ello. Sin vinculación política, conecta a los ciudadanos con las autoridades para solventar problemas locales. Así, cuenta con proyectos de colaboración comunitaria en los que tiene a su disposición "brigadas" de ciudadanos para realizar, entre otros aspectos, innovación en las ciudades, como sirenas de avisos de tsunamis.

Por otra parte, My Society, en Reino Unido, dispone de una plataforma, que se denomina PledgeBank, que ayuda a poner en acción alguna iniciativa, encontrar financiadores y realizar el cometido. Pero con un requisito, y es que la gente solo realiza las acciones si otros les ayudan. Ya ha sido empleado en numerosas causas diferentes, como donar sangre o aportar dinero para campañas presidenciales. Otro de los proyectos de esta iniciativa londinense, FixMyStreet, se utiliza para que los ciudadanos informen a sus representantes políticos sobre determinados problemas en el espacio público, como calles sucias o farolas rotas. Y en Chile, Ciudadano Inteligente, con su proyecto Vota Inteligente, ofrece un mapa en el que los ciudadanos suben fotografías en las que se visibiliza la propaganda electoral ilegal.

Con estos ejemplos, quiero mostrar lo que se puede llegar a conseguir entre todos porque **el problema de la política solo tiene soluciones de acción colectiva.** Una acción cuya meta sea el bien público, y **para conseguir este bien común**, como Pau Contreras explica en su libro *Me llamo Kohfam*, **un grupo tiene que estar dispuesto a trabajar de forma colaborativa y abierta.** Y qué mejor entorno para trabajar que la comunidad virtual, donde se puede crear y compartir conocimiento.

Ester Crespo
Periodista e investigadora de la
Asociación por la Calidad y Cultura Democráticas
2 de septiembre de 2013

22. España asimétrica

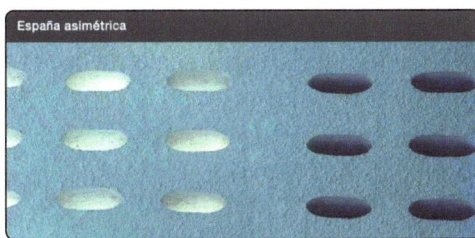

Hace tiempo escribí a un alto directivo de Google en EE.UU. Quería advertirle del marcado carácter machista de los resultados de algunas búsquedas que había realizado en el afamado buscador. Pues si preguntaba por el nombre de españolas de reconocido prestigio, la respuesta que obtenía era "Quizás quisiste decir: españoles de reconocido prestigio". Si me interesaba por españolas ejemplares, Google no lo dudaba: "Quizás quisiste decir: españoles ejemplares". Y si la búsqueda era sobre españolas famosas, entonces, la respuesta era grosera. Sin advertirte de ninguna posible confusión, ofrecía enlaces sobre "españolas desnudas y follando", entre otras lindezas por el estilo.

Mi amigo me respondió, como los buenos profesionales, sin demora: "Tienes razón, lo informaré. Tenemos muchos casos. Lamentablemente no somos juez en todo esto, sino *the soul of the age*".

Además de emprendedor de prestigio, mi amigo es un directivo influyente: Hoy, año y medio más tarde, los resultados ya presentan otro aspecto. Ante las mismas preguntas, el buscador ahora no te invita a que cambies española por español. En lugar de ello, directamente, en los primeros lugares aparecen nombres de universidades y los de marcas españolas de reconocido prestigio; salen a relucir algunas blogueras famosas, nuestra selección nacional de fútbol e incluso los ejemplares vendidos de determinadas revistas españolas.

Estas investigaciones son muy rápidas: los millones de respuestas posibles a la pregunta planteada tardan décimas de segundo en ser seleccionadas. Y tienen el valor que tienen, es decir, un valor muy relativo, porque entre otras muchas razones, destaca una por evidente: estas búsquedas no distinguen entre 'personas ejemplares' y el 'número de ejemplares' de una tirada.

Pero no podemos negar que reflejan *el alma de la época*, como decía mi amigo. Porque son conjeturas que tienen que ver con el lenguaje. Como esta otra que cuento, e invito a compartir, a continuación.

Puedes comprobarlo tú mismo: Haz la siguiente búsqueda literal: "mi derecho a". Yo lo acabo de hacer y he obtenido, en 0,18 segundos, la siguiente cantidad de resultados: 6.270.000. Sí, más de seis millones de entradas contienen la cadena de caracteres "mi derecho a". Por citar algunos ejemplos: "Reivindico **mi derecho a** decir que el franquismo..." de Lucía Etxebarría o "las redes sociales me ayudan a hacer realidad **mi derecho a...**" de la UNESCO.

Prueba ahora a teclear esta otra expresión: "mi obligación de". Yo lo acabo de hacer y he obtenido 828.000 resultados. Sí, sólo un 13% con relación a la anterior pregunta. Por ejemplo: "...tú haz lo que te parezca conveniente, pero era **mi obligación de** amiga-amante avisarte..." de Maruja Torres.

Otra forma de acercarse a esta asimetría de nuestro lenguaje es buscar, en el diccionario de la lengua española, estas dos voces: derecho y obligación. Para la primera, el diccionario (en su vigésima segunda edición) emplea casi dos mil palabras, abreviaturas incluidas. Para la segunda, poco más de cuatrocientas.

Si el resultado de las búsquedas que nos permite Google pueden considerarse como el alma de nuestra época, no es menos cierto que la Real Academia Española acaba de celebrar su tercer centenario. Se acuda a una u otra fuente, estamos hablando de conjeturas que tienen que ver con el lenguaje, esa herramienta de que nos hemos dotado los humanos para describir el mundo: 'Observa la blancura de esa cima nevada'. Y no sólo para describir el mundo, también utilizamos el lenguaje para transformarlo: 'De acuerdo, trato hecho, me comprometo a ayudarte a partir de mañana'. Porque el lenguaje no es solo un instrumento contable, con el que narramos lo que vemos y sentimos; el lenguaje es también generativo, porque con él nos comunicamos para modificar la realidad.

¿Hay alguien ahí? Por favor, que un voluntario nos explique esta asimetría: se busque por donde se busque, los derechos ganan por goleada a las obligaciones. ¿Tiene esto algo que ver con lo que nos está pasando? ¿Explican estos datos, por brutos que sean, el que veamos en 'el otro' la causa de todos nuestros males? ¿Tiene sentido aspirar a un mayor equilibrio en nuestra forma de expresarnos? ¿Y en nuestra manera de actuar? Y si lo tiene, ¿se puede conseguir? ¿Cómo?

Muchas gracias y cordiales saludos,

Felipe Gómez-Pallete Rivas
Presidente de la Asociación por la
Calidad y Cultura Democráticas
9 de septiembre de 2013

23. La calidad bien entendida (y 6)

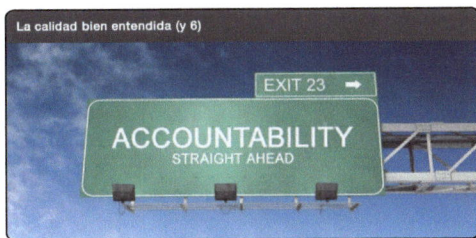

Queremos llenar España de semáforos. En esta última entrega de la serie *La calidad bien entendida* resumimos qué es esto de los semáforos, por qué lo hemos diseñado así y cómo lo estamos haciendo. El para qué del asunto ya lo conocen nuestros seguidores: La iniciativa SIC (Sistema de Indicadores de calidad) es la primera actuación concreta que esta Asociación aporta para la mejora de la equidad social por medio de una ciudadanía más competente y comprometida, es decir, con una mayor cultura política.

QUÉ

Pretendemos que estos semáforos lleguen a ser tan habituales como hoy lo son miles de símbolos internacionales que nos informan a diario en los aeropuertos y las playas, por carretera o en las calles de pueblos y ciudades. Cuando esta escena deje de ser una novedad incomprendida o digna de sospecha, y la consideremos tan habitual como las familiares banderas —roja o verde o amarilla— en una playa llena de bañistas, entonces, los ciudadanos (que habremos intervenido de forma determinante en ello) podremos distinguir, con una simple mirada, entre tres tipos de partidos:

(a) los que practican la **mejora de sus procesos internos de trabajo**, (b) los que tienen previsto hacerlo y (c) los que ni siquiera se lo han planteado.

Supongamos, por ejemplo, que Equo tiene en estudio la puesta en marcha un indiciador de calidad: Elevar el grado de experiencia internacional de sus cuadros, pues está muy satisfecho con los resultados que está obteniendo desde que puso en marcha estos dos indicadores: Mejora de la estructura de sus fuentes de financiación y Cobertura de los gastos de personal vía cuota de afiliados. E imaginemos que UPyD está comprometida y trabajando únicamente en la mejora (cuándo y cuánto) de la paridad en sus órganos de gobierno. Y supongamos que Vecinos por Torrelodones o Ciutadans no consideran necesario, por el momento, acometer estos métodos de mejora organizativa. Los logos de estas organizaciones políticas circularían por las redes sociales junto con sus respectivos 'semáforos' y, en época de campaña electoral, por qué no, los más adelantados harían valer sus progresos en la cartelería convencional.

Este sistema de símbolos (u otro aconsejado por los expertos en semiótica visual), más bien temprano que tarde, acabará por imponerse. Símbolos que nos hablarán a gritos de quiénes están comprometidos y quiénes no, y en qué medida, en la carrera por mejorar sus procesos de trabajo en torno a las personas y los dineros, en decir, al **Trabajo** y el **Capital**, y a la forma en que ambos factores de producción son **organizados** con el fin de elaborar los servicios que la sociedad demanda de los partidos.

POR QUÉ

Creemos que esta iniciativa es necesaria y urgente por una serie de razones:

a. **Porque somos una sociedad recostada sobre el pasado. Por eso, cuando miramos al futuro (de la democracia, por ejemplo) lo hacemos por el retrovisor.** La búsqueda en Google del verbo "controlar" arroja casi 60.000.000 de resultados; la de "planificar", poco más de 11 millones. Por otro lado, el verbo "revisar" cuenta con más 40 millones, mientras que "prever", con 8,6 millones. Así medido, 'al peso' como diría un castizo, vivimos 5 veces más preocupados por exigir cuentas de lo hecho, que interesados en conocer cómo vamos a mejorar las cosas en el futuro. SIC complementa el derecho a la transparencia del pasado con el compromiso sobre el futuro.

b. **Porque lo reducimos (casi) todo a la economía. Por eso, nuestra mirada es congruente con el dios dinero y, en igual medida, miope.** "Control presupuestario" es el *mantra*, es la consigna para impedir la corrupción, para exigir responsabilidades a los gestores públicos y para promover la participación ciudadana en el control de los asuntos que les confiamos. ¡Nada menos! Pero nada más. Esta es una de las máscaras que presentamos en la inauguración de esta Web[127].

c. **Porque para asegurar la calidad de las instituciones es insuficiente cotejar los resultados con estándares externos elaborados por 'los más prestigiosos expertos' en la materia.** Y ello, a su vez, por varias razones, a saber: **porque** la aristo-

167

cracia del conocimiento debe complementarse con la opinión y participación de los ciudadanos; **porque** los estándares y los expertos tomados hoy por referentes provienen, en una u otra medida, de un orden superado; y **porque** la voluntad de mejorar debe surgir, no sólo por exigencia de un entorno que tiene derecho a saber; también debe responder a motivaciones propias, aunque solo fuera por un mero instinto de supervivencia de los partidos.

d. **Porque el derecho fundamental de acceso a la información se circunscribe a un determinado tipo de informaciones convencionales.** Informaciones que, agrupadas de una u otra forma, se refieren a los consabidos aspectos institucionales o, bien, a asuntos de relevancia jurídica económica, estadística y presupuestaria. No conocemos intentos por ampliar el abanico a informaciones provenientes de otros campos, como por ejemplo, el que es objeto de interés del SIC: información detallada sobre la mejora continua de los procesos internos de trabajo.

TRABAJO	• Años de experiencia internacional • Habilidades, formación y competencias • .....
CAPITAL	• Índice cobertura de los gastos de personal • Estructura fuentes de financiación • .....
ORGANIZACION	• Paridad órganos de gobiernos • Transparencia informativa • .....

CÓMO

Inundar España de semáforos (entiéndase la metáfora) es una carrera de fondo con tres etapas:

1. Recabamos la **participación activa de los ciudadanos**. La propuesta de indicadores de calidad (como los que hemos

venido introduciendo a modo de ejemplo) es una llamada en busca de sugerencias: ¿En qué crees que debe mejorar la forma de trabajar de los partidos? ¿Y el que tú votas? ¿Cuánto debe mejorar? ¿Por qué medios sugieres que lo intenten? ¿Cómo y qué variables medirías tú? De esta forma elaboramos la **Guía** con la que esta Asociación ofrece su apoyo a los partidos que decidan implantar métodos y técnicas de mejora de la calidad en el seno de sus organizaciones.

2. Esta Guía será, primero, sometida a la consideración de **grupos de discusión** y, después, contrastada con la realidad en aquellas formaciones políticas que deseen participar en **proyectos-piloto**: ¿Vecinos por Torrelodones, Equo, UPyD, Partido X, Ciutadans? son, en principio, candidatos más probables que los grandes partidos, cuyas organizaciones se encuentran próximas al 'estado universal' que formalizó Arnold Toynbee: momento –previo a la desintegración– en el que los líderes se creen fines en sí mismos.

3. Ayudando a los propios partidos a **difundir los avances conseguidos**, a lo largo y ancho de la sociedad toda: los ciudadanos que lo hemos exigido y hecho posible con nuestras aportaciones. Para ello no concebimos mejor estrategia que la de ofrecer nuestro empeño a los líderes ya consolidados en estas materias, entre los que destacamos, por ejemplo, a Access Info. Hoy, en España, vivimos "momentos de efervescencia, de múltiples iniciativas (…) de ebullición de inquietudes" como dicen los expertos que nos apoyan con sus testimonios. **Es hora de unificar esfuerzos y optimizar recursos** tras la explosión de iniciativas. Esta Asociación desea, con este ofrecimiento, dar un paso en este sentido: conservando la diversidad de enfoques, aumentar la eficacia en favor de todos.

Cordiales saludos,

**Asociación por la Calidad y
Cultura Democráticas**
16 de septiembre de 2013

24. La calidad política empieza por nosotros

No nos engañemos: el cambio de la política y de los políticos (los que toman las decisiones, pero que previamente son decididos por nosotros) comienza por nosotros mismos. Comienza mucho antes de las urnas y sigue después del voto. **Debe ser un proceso dinámico y de mejora continua y diaria, a través de una participación constante**, pues el soberano es soberano todos los días, y no solo cuando vota.

Carece de sentido que el único compromiso de la ciudadanía sea votar los programas electorales de los partidos. Por supuesto que nos interesa conocer esos programas electorales, que en teoría señalan las prioridades de gobierno de la formación política en caso de que consiga la victoria. Decimos en teoría porque lamentablemente sabemos que, a la hora de la verdad, ese documento suele convertirse en papel mojado.

Hasta aquí, nada que no se sepa, pues son mensajes que, por fortuna, cada día se pronuncian y escuchan con más frecuencia. A partir de aquí, en Calidad y Cultura Democráticas nos ponemos en marcha para trasladar a los partidos políticos este otro mensaje: **la ciudadanía os está pidiendo que toméis las riendas de vuestra propia modernización organizativa**. Nosotros os podemos ayudar para que entendáis esta exigencia, qué frentes de mejora os están pidiendo a gritos, cómo lo podéis poner en práctica dentro de vuestras organizaciones, cómo podéis hacer hasta conseguir alcanzar esas mejoras y, sobre todo, cómo podéis demostraros a vosotros mismos y a nosotros (que somos vuestra razón de existir) que os habéis puesto manos a la obra, que vais en camino y que os estáis esforzando sinceramente.

Porque creemos que es imprescindible que exista, además del 'contrato programa electoral' este otro: el contrato de mejora de la calidad de vuestras operaciones como organizaciones humanas que trabajáis en pos de unos objetivos. Este segundo documento (sin el que vuestros programas electorales ya no serán creíbles) os lo va a dictar la ciudadanía y vosotros, los partidos, vais a decidir si queréis llevarlo a cabo o no. Calidad y Cultura Democráticas os ofrece su apoyo. Con o sin nosotros, pero no tendréis otro remedio que emprender la senda de la mejora continua, la senda de la calidad de vuestros procesos de trabajo. Pues de otro modo desapareceréis por innecesarios.

Esta es la base de nuestro proyecto de **Sistemas de Indicadores de Calidad (SIC)**, cuyo objetivo es la elaboración, por parte del pueblo soberano, de unas categorías bien delimitadas en las que la ciudadanía considera que es fundamental que los partidos políticos emprendan la senda de la mejora continua.

Dichos indicadores se van a construir a través de una participación popular lo más masiva posible, a fin de que representen de forma acertada el sentir de la opinión pública respecto a aquellas áreas en las que la gente considera que es necesario que los partidos mejoren. Áreas como la transparencia en la financiación de los partidos, el grado de democracia interna dentro de la organización, la experiencia internacional y formación de sus dirigentes o el grado de implicación de los militantes con los problemas de su comunidad.

Los anteriores son solo algunos ejemplos de posibles indicadores de calidad. Indicadores que servirán para guiar el trabajo de los partidos enfocado a la mejora continua y diaria en estas categorías que los ciudadanos consideran fundamentales. El fin perseguido de todo este proceso no es solo la mejora de la calidad de los partidos, sino también la mejora de la competencia política de la propia ciudadana, a la que hay que devolver el protagonismo dentro del sistema. Solo así daremos la vuelta a este mundo "patas arriba" que ha convertido a la ciudadanía soberana en víctima de sus propios delegados. Afortunadamente, poner las cosas del derecho sigue dependiendo de nosotros. Y solo de nosotros y de nuestra participación activa depende que veamos el cambio que deseamos en nuestra democracia.

Daniel Jiménez
Redactor de Noticias Positivas y activista ecologista
23 de septiembre de 2013

25. Serie: La calidad bien entendida

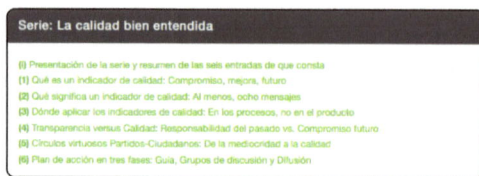

Serie: La calidad bien entendida

(i) Presentación de la serie y resumen de las seis entradas de que consta
(1) Qué es un indicador de calidad: Compromiso, mejora, futuro
(2) Qué significa un indicador de calidad: Al menos, ocho mensajes
(3) Dónde aplicar los indicadores de calidad: En los procesos, no en el producto
(4) Transparencia versus Calidad: Responsabilidad del pasado vs. Compromiso futuro
(5) Círculos virtuosos Partidos-Ciudadanos: De la mediocridad a la calidad
(6) Plan de acción en tres fases: Guía, Grupos de discusión y Difusión

En La calidad bien entendida explicamos los fundamentos del Sistema de Indicadores de Calidad (SIC). Aquí ofrecemos tres razones por las que recomendamos la lectura de esta serie:

1. Porque los esfuerzos que se vienen haciendo por detener el deterioro democrático[128] responden a una **mirada** que es preciso ampliar. La mirada sobre el pasado que distingue a los movimientos actuales debe completarse con el atrevimiento que supone hurgar en el futuro. Del mismo modo, el interés por los efectos dañinos debe perfeccionarse con el análisis de sus causas últimas. Y todo ello debe hacerse desde un punto de vista global, no meramente económico. El SIC se levanta sobre la voluntad de conjugar pasado y futuro, causas y efectos, con una visión que supere la mirada exclusivamente economicista.

2. Porque la lucha contra la corrupción –uno de los efectos más corrosivos del deterioro democrático–, se traduce en un tipo de **medidas**[129] que, a la vista está, no es suficiente. Por eso, además de promover toda suerte de cambios constitucionales, nuevas leyes y decretos con los que reconducir la situación, es menester actuar en el corazón mismo de la arquitectura del sistema democrático. Esta propuesta supone analizar de forma sistemática y continua las posibilidades de mejora organizativa de las instituciones, al modo de cómo lo promueve el SIC.

3. Porque la **mentalidad** con que se mira y se acomete el necesario cambio de rumbo se deriva de la interpretación de un mundo y una época que están dejando de ser los nuestros. Por eso, prosperan eslóganes como transparencia, accountability o rendimiento de cuentas, defensa de derechos fundamentales,

respeto a las minorías, etcétera. Un esfuerzo titánico, necesario pero manifiestamente insuficiente porque no estamos en una época de cambios sino en un cambio de época[130]. El SIC convierte este aparente juego de palabras en un programa práctico de actuación.

Entrada	Enlace	Abstract	Cabecera	Diagrama
Introducción	http://www.ccdemocraticas.net/la-calidad-bien-entendida-introduccion/#more-2088	Presentación de la serie y resumen de las seis entradas de que consta		
(1)	http://www.ccdemocraticas.net/la-calidad-bien-entendida-1/	Qué es un indicador de calidad: Compromiso/mejora/futuro		
(2)	http://www.ccdemocraticas.net/la-calidad-bien-entendida-3/	Qué significa un indicador de calidad: Al menos, ocho mensajes		
(3)	http://www.ccdemocraticas.net/la-calidad-bien-entendida-3/	Dónde aplicar los indicadores de calidad: En los procesos, no en el producto		
(4)	http://www.ccdemocraticas.net/la-calidad-bien-entendida-4/	Transparencia versus calidad: Responsabilidad del pasado vs. Compromiso futuro		
(5)	http://www.ccdemocraticas.net/la-calidad-bien-entendida-5/	Círculos virtuosos partidos-ciudadanos: de la mediocridad a la calidad		
(6)	En construcción	Plan de acción en tres etapas: Guía / Grupos de discusión / Difusión	En construcción	En construcción

Miradas, medidas y mentalidades que Calidad y Cultura Democráticas propone no arrinconar ni enmendar, sino antes al contrario, complementar. Y proponemos hacerlo indagando en las intenciones, no sólo en lo realizado; en los procesos, más allá de los productos; en las causas, sin detenerse en los efectos; no sólo por la presión social, también por necesidad de los propios partidos. Estos son los principales ejes sobre los que hemos construido el Sistema de Indicadores de Calidad: una propuesta práctica de mejora continua.

La lectura de esta serie es, por todo ello, una buen oportunidad para superar la zona de confort intelectual que hasta ahora nos permitía interpretar la calidad a la antigua usanza. Y una oportunidad, también, para percatarse de que la calidad bien entendida…empieza por uno mismo.

Cordiales saludos,

Asociación por la Calidad y Cultura Democráticas
30 de noviembre de 2013

173

26. No, no nos abrirán

"No, no, no nos abrirán" coreaban los partidos políticos hasta hace poco tiempo. Forzados por las circunstancias, parecen haber emprendido el camino de la transparencia. ¿Anuncia la Ley de Transparencia el final de nuestros males? Rotundamente, no. Por varias razones, entre otras, estas dos:

1. No hay ninguna medida que, por sí sola, sea "la" solución de la actual crisis social. Cada medida puede ser, por sí misma, necesaria pero nunca será suficiente.

2. La transparencia ilumina el pasado, no el futuro. Depender solo de ella equivale, por tanto, a ir a remolque de las circunstancias.

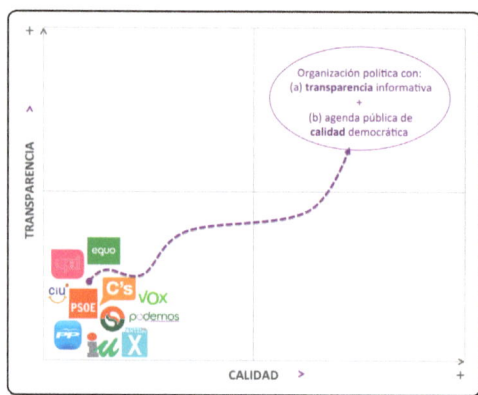

Dejarse seducir por la transparencia, es limitarse a mirar lo que ilumina y desentenderse de lo que oculta. Y lo que permite la Ley de Transparencia[131] no es otra cosa que ocultar la falta de compromiso de los partidos políticos en materia de calidad democrática.

Como expusimos recientemente[132], "La transparencia es una exigencia ineludible y representa el control que ejerce la sociedad sobre las instituciones. Mientras que la calidad es un compromiso interno, libremente adoptado y hecho público por las instituciones".

Además de apostar por la transparencia, el partido necesita comprometerse públicamente con el cumplimiento de una agenda democrática de mejora continua. De este modo, el partido estará en disposición de ganarse la confianza de sus militantes, de sus potenciales electores y de la ciudadanía en general. Pero ¡ojo!, la transparencia puede improvisarse; basta con publicar lo que estaba oculto. En tanto que **la mejora de la calidad democrática de los partidos no se improvisa: requiere, además de voluntad política, método de trabajo**. ¿Qué partido o movimiento ciudadano será el primero en adoptarlo?

Cordiales saludos,

Asociación por la Calidad y Cultura Democráticas
1 de marzo de 2014

27. Ideología y organización

El incontestable y creciente descrédito de los partidos políticos clásicos está provocando el nacimiento de nuevas formas de acción política, así en la esfera digital como en el mundo físico, bien monográficos (PAH[133]) o generalistas: Podemos o Partido X. Incluso vemos surgir nuevos partidos de hechura tradicional como, por citar el más reciente, VOX. El momento es, sin duda, apasionante. Y desconcertante. Porque, en palabras de Daniel Innerarity, "nadie confía a la política lo que solo la política podría resolver"[134].

Estos nuevos cauces y modos políticos ¿evitarán las causas del desprestigio de los partidos al uso? ¿Tendrá éxito la nueva política o, por el

175

contrario, acabará sumando un nuevo fiasco al panorama actual? En la Asociación por la Calidad y Cultura Democráticas creemos que hablar de ideología y organización arroja luz sobre esta cuestión.

En la arena política, ideología y organización son dos categorías que conviven como pueden. La ideología dibuja el futuro, mientras que la organización es lo que nos permite encaminarnos hacia él. Por eso, "organizar el futuro" o "ideologizar el camino" son dos errores categoriales que debemos y podemos evitar. Ni el futuro existe (y menos en un cambio de época como el actual), ni el camino se recorre con grandes ideas sino paso a paso. En otras palabras: **Sólo con organización no sabrás a dónde ir y, claro, te perderás. Pero sin organización no irás a ninguna parte.**

Es tiempo de que la teoría y la práctica políticas se aprovechen de los avances aparecidos en otros campos. El arreglo del destrozo político que vivimos no puede venir exclusivamente de la ciencia política. Basta ya de endogamia. Y es que el problema no es sólo ideológico; también, y no en menor medida, es una cuestión organizativa. Hace un par de años lo dijo así de claro un tipo nada sospechoso como Joseph Stiglitz: "Es simple, no se puede cambiar la sociedad sin organización"[135]. Continuará.

Cordiales saludos,

Asociación por la Calidad y Cultura Democráticas
4 de marzo de 2014

28. Método de trabajo

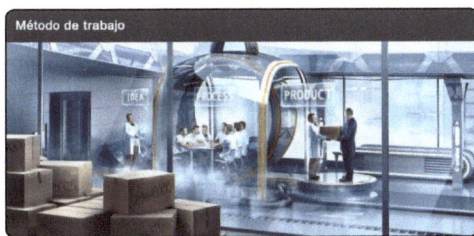

Para elaborar una agenda de calidad democrática se requiere un método de trabajo. Confiar el afianzamiento de la cultura organizativa de un partido político a una mezcla de voluntarismo y sentido común no es suficiente. En la Asociación por la Calidad y Cultura Democráticas hemos desarrollado un manual o guía donde se describen los pasos a seguir. Creemos que esta forma de trabajar ayudará a la regeneración de la actividad política. Pues al comprometerse públicamente con el cumplimiento de su agenda de calidad democrática, un partido estará en disposición de ganarse la confianza de sus militantes, de sus potenciales electores y de la ciudadanía en general.

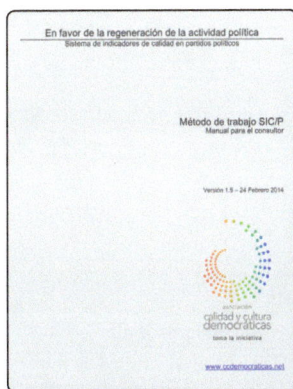

El manual está organizado en dos Partes. La primera está dedicada a **exponer los motivos** por los que se elabora y mantiene actualizada esta guía; los que justifican la necesidad de un método de estas características al servicio de las organizaciones políticas y, por último, las condiciones que deben cumplirse con el fin de que su correcta aplicación produzca los beneficios deseados para el propio partido político, para la democracia y los ciudadanos.

En la segunda parte se describen **las dos fases** en que se divide la preparación y realización de una actuación de este tipo: desde las conversaciones preliminares entre la organización del partido y los asesores externos, hasta el desarrollo de las sesiones de trabajo dedicadas a la identificación y selección de los indicadores de calidad que el partido decida establecer. El manual o guía acaba con las orientaciones básicas a tener en cuenta para establecer los planes de acción, comunicación (interna y externa) y seguimiento.

La Asociación ofrece estos servicios profesionales a los partidos políticos y movimientos sociales y, en general, a las instituciones que, de un modo u otro, determinan el funcionamiento democrático de la sociedad. La independencia de cualquier poder económico, así como político de no importa qué signo ideológico, representa nuestro principal e irrenunciable activo profesional.

Cordiales saludos,

Asociación por la Calidad y Cultura Democráticas
10 de marzo de 2014

29. Deseo y necesidad

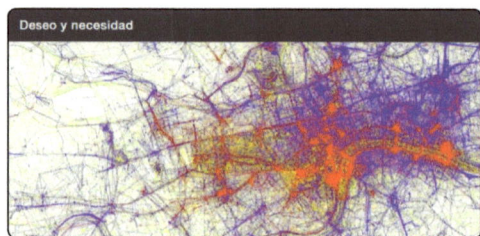

En "El nuevo mundo ...", su autor, Evgeny Morozov, dice: "Armados con tantos datos, los sistemas políticos parecen creer que pueden prescindir del ciudadano"[136]. Puede invertirse la frase: "Armados con tantos datos, los ciudadanos parecen creer que pueden prescindir de los sistemas políticos".

Esta idea-espejo de la de Morozov invita preguntarse por las nuevas formas de hacer política surgidas a partir de un tipo concreto de activismo: el de los movimientos sociales que están proporcionando a la ciudadanía cantidades ingentes de información pública.

En "Monitorización parlamentaria..."[137] se habla de estos movimientos y, en concreto, de las Organizaciones de Monitorización Parlamentaria (PMO, por sus siglas en inglés) que, "entroncando con la filosofía de gobierno abierto, promueven el libre acceso a datos públicos". Como PMO españolas se citan cinco valiosos ejemplos de iniciativas felizmente consolidadas: Civio[138], Parlamento 2.0[139], Qué hacen los diputados[140], Proyecto Avizor[141] y Proyecto Colibrí[143].

La creciente desconfianza que produce la manera tradicional de hacer política está provocando, sin duda, una reacción positiva: el interés, asimismo creciente, de los ciudadanos por la política. La pregunta que me hago es ¿en qué medida este progresivo deseo por crear nuevas formas y plataformas de acción política está motivado por la necesidad?

Yo creo que un 25% de paro y un incierto modelo de futuro, aún más sombrío que luminoso, son circunstancias que vienen a sumarse a la vocación social de muchos ciudadanos. Así, al activismo político como forma de rebelión contra los desmanes de las clases dirigentes se le añade este segundo componente: La necesidad de encontrar, como sea, una ocupación que, remunerada o no, evite a los jóvenes, y a los no tan jóvenes, enfrentarse a la peor de las condenas, es decir, a una vida ociosa, vacía de contenido.

La pregunta no parece tener fácil respuesta por ahora. Sofía de Roa, periodista e investigadora de la Asociación por la Calidad y Cultura Democráticas, me decía recientemente: "Nadie sabe qué parte de la ciudadanía activada volvería al 'pasotismo' en el caso de que todo el panorama se volviese positivo de repente". Imaginando este hipotético escenario, resulta inevitable hacerse una segunda pregunta: Vueltas las aguas a su cauce, y cubiertos de nuevo tanto fraude, descaro, corrupción y malfuncionamiento, ¿retornará la política de siempre o, por el contrario, los movimientos nacidos del deseo y la necesidad demostraremos que hemos venido para quedarnos? Por favor, danos tu opinión. Muchas gracias.

Cordiales saludos,

Felipe Gómez-Pallete Rivas
Presidente de la Asociación por la
Calidad y Cultura Democráticas
17 de marzo de 2014

30. Diálogo sobre calidad democrática

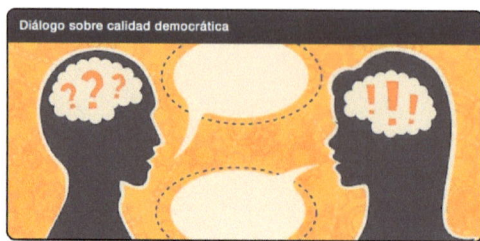

Hemos elegido el **diálogo** como forma de expresión de nuestro pensamiento sobre calidad y democracia. Imaginemos, pues, dos personas en disposición de escucharse y de aprender el uno del otro, como en ese espléndido retrato, "El presidente y el cardenal", recientemente firmado por José María Martín Patino (dicho sea entre paréntesis, salvando las distancias y a modo de homenaje).

Nuestros dos personajes pactan de antemano cerrar a cal y canto sus respectivas zonas de confort intelectual, esa región del entendimiento en la que habitan las categorías que nos resultan familiares, lugares a través de los que tendemos a filtrar cómodamente todo cuanto nos dicen. Sobre todo, si lo que uno escucha son palabras (calidad, democracia) que cree dominar en todas sus acepciones. Nada de hacerse trampas; nuestros dos personajes están dispuesto a escucharse, no sólo a oírse.

El diálogo (imaginario) que se 'reproduce' a continuación está inspirado en diversas reuniones que (en verdad) se mantuvieron, a lo largo de los últimos 18 meses, con líderes y colaboradores de las siguientes organizaciones: Partido Popular, Partido Socialista Obrero Español, EQUO, Vecinos por Torrelodones, VOX, Casa Real, Congreso de los Diputados e Izquierda Unida.

Esto es lo que se dirán, sentados uno frente al otro, el miembro de la Asociación por la Calidad y Cultura Democráticas (**ACCD**) y el de una organización cualquiera (**ORG**) del tipo de las mencionadas, por ejemplo, un partido político:

  – **ORG**: Sí, me han hablado, muy bien por cierto, de vuestra iniciativa. La idea que me he hecho es que queréis actuar como interventores o auditores, no sé muy bien cómo llamaros... como profesionales autorizados para expedir certificados de calidad, tipo ISO. ¿Es correcto? No estoy seguro de haberlo entendido bien…

– **ACCD**: No eres el único. Es muy habitual que nos veáis así, como auditores, como expertos que otorgamos sellos de calidad tras haber comprobado que todo funciona correctamente en una organización…

– **ORG**: ¿Y no es así?

– **ACCD**: Esto es lo que quería decirte. Nuestra labor parte de esta creencia básica: Nadie externo a una organización puede sugerir mejores ideas para perfeccionar una actividad que quien la está realizando.

– **ORG**: Perdona, no entiendo nada. Creo que me lo han explicado mal. Pero entonces, en concreto, si somos nosotros los que sabemos cómo mejorar, ¿cuál es vuestra aportación?, ¿qué es lo que hacéis; qué tipo de auditoría realizáis?

– **ACCD**: Si nos ponemos de acuerdo en lo que diferencia a un auditor de un asesor, podemos empezar a entendernos.

– **ORG**: Te escucho.

– **ACCD**: De un auditor se espera que sepa pronunciarse porque tiene conocimientos probados sobre cómo deben realizarse las actividades que audita. Y así, si juzga que todo se está haciendo bien, lo certificará mediante el correspondiente sello de calidad. Pero si no es así, no otorgará el certificado de calidad.

– **ORG**: ¿Y lo que llamas un asesor?

– **ACCD**: La labor de un asesor consiste en ayudarte a ti a que busques por un territorio (vuestra organización) que conoces mejor que nadie. El asesor te ayuda a buscar e identificar qué aspectos podrías mejorar de tu trabajo. Él te dirige en tu búsqueda, pero el que busca eres tú. **Por eso somos imprescindibles ambos: los que conocéis el terreno (vosotros) y los que sabemos cómo buscar, nosotros, los asesores**.

– **ORG**: Con un ejemplo creo lo entendería mejor…

– **ACCD**: El asesor os ayuda a identificar los objetivos priorita-
rios en los que el partido no puede cometer fallos si lo que
queréis es, por ejemplo, aumentar el voto femenino, o mejorar
la estructura de fuentes de financiación, o reformar la práctica
democrática en determinados procesos internos, u optimizar la
gestión de la agenda institucional, etcétera. Nuestra labor tiene
sentido porque para la identificación de **objetivos**; para no
confundir éstos con las **actividades** que es preciso realizar; para
seleccionar los **indicadores** que te van diciendo cómo te estás
acercando a tu objetivo o cuánto te estás alejando de él, para
todo esto, te digo, se requiere **método**; no es suficiente con el
sentido común, por muy fácil y llano que parezca el camino.

– **ORG**: O sea, que vuestra labor consiste en…guiarnos, en
acompañarnos…

– **ACCD**: Bueno, sí, eso es. Nada más. Pero nada menos. Nuestro
trabajo consiste en ayudaros a buscar pequeños incrementos de
mejora en cada asunto que elijáis perfeccionar. Porque no se trata
de introducir cambios bruscos, sino de mejorar poco a poco.

En resumen, ¿en qué consiste la actividad SIC de la Asociación por la Calidad y Cultura Democráticas?

Asesoramos a todo tipo de entidades y organismos en:

- La identificación de los puntos de mejora en sus procesos de trabajo
- La selección de los que más se ajusten a sus objetivos institucionales
- La comunicación (interna y externa) de su agenda para la contribución a la mejora continua de la calidad democrática

&

Promovemos un movimiento de exigencia ciudadana que fuerce a las instituciones a:

- Tomar la decisión de elaborar sus indicadores de calidad democrática
- Hacer públicos, en lugar visible, junto a sus logos, sus indicadores de calidad (SIC)
- Comprometerse con su cumplimiento y facilitar el control ciudadano (contrato social)

– **ORG**: Vale, creo que ahora lo entiendo mejor, pero… ¿por qué
nos iba a interesar pillarnos los dedos, valga la expresión, en
algo que en realidad nadie nos está pidiendo? Porque la sociedad lo que nos pide –lo escuchamos todos los días– es acabar

con la corrupción y mejores propuestas que nos permitan salir de la crisis.

– **ACCD:** De acuerdo, es eso lo que os exigimos los ciudadanos: contra la corrupción, transparencia; contra la falta de propuestas, o propuestas equivocadas, ideas nuevas. De acuerdo…pero no sólo eso, créeme, no sólo eso.

– **ORG:** ¿Tú crees? Dime, pues, qué más.

– **ACCD**: Que demostréis que os importa la calidad organizativa de vuestras organizaciones. Que demostréis que habéis empezado a poneros objetivos de mejora en tal o cual parcela de vuestros partidos, sindicatos, casas, parlamentos, etc. Porque, de no hacerlo, os vamos a sacar tarjeta roja. Pero ¡ojo!, estas tarjetas no serán rojas porque incumpláis exigencias impuestas por la sociedad. No, ni mucho menos. **Lo que indicará el color rojo de estas tarjetas es que aún no habéis decidido ser exigentes con vosotros mismos**; tarjetas, o semáforos, o banderines, o el símbolo que aconsejen los expertos en semiótica visual. En cualquier caso, esto es lo que sabrá el ciudadano, de un vistazo, nada más descubrir, junto a vuestro logo, un indicativo rojo que denuncia vuestra falta de solidaridad, como se dice ahora, al no contribuir por iniciativa propia a la mejora de la calidad institucional del sistema democrático.

– **ORG**: Creo que empiezo a entender vuestra propuesta. Sí, en esta hoja que me entregas, está muy bien resumido. Lo que no sé es cómo…pero bueno, eso lo podemos dejar para un segundo encuentro, ¿te parece?

– **ACCD:** Con mucho gusto. Será un placer. Que propongas un segundo encuentro es una muy buena noticia.

Cordiales saludos,

Asociación por la Calidad y Cultura Democráticas
1 de abril de 2014

31. El diálogo continúa

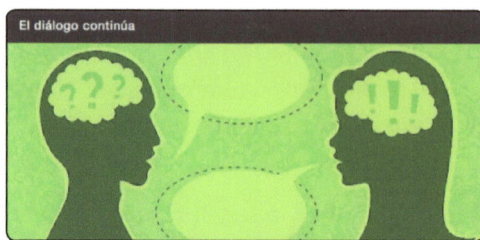

En lo que sigue completamos el diálogo iniciado en la anterior entrada de este mismo blog. Un diálogo imaginario que, como dijimos, hemos elaborado a partir de lo debatido durante reuniones mantenidas en la realidad con miembros de algunas de las principales organizaciones políticas españolas.

Como recordarán nuestros lectores, la persona que interviene por parte de la Asociación por la Calidad y Cultura Democráticas, persona a la que llamamos ACCD, entregó al representante de la organización imaginaria con quien conversa, al que llamamos ORG, el resumen que reproducimos de nuevo junto a estas líneas.

En resumen, ¿en qué consiste la actividad SIC de la Asociación por la Calidad y Cultura Democráticas?

Asesoramos a todo tipo de entidades y organismos en:

- La identificación de los puntos de mejora en sus procesos de trabajo
- La selección de los que más se ajusten a sus objetivos institucionales
- La comunicación (interna y externa) de su agenda para la contribución a la mejora continua de la calidad democrática

&

Promovemos un movimiento de exigencia ciudadana que fuerce a las instituciones a:

- Tomar la decisión de elaborar sus indicadores de calidad democrática
- Hacer públicos, en lugar visible, junto a sus logos, sus indicadores de calidad (SIC)
- Comprometerse con su cumplimiento y facilitar el control ciudadano (contrato social)

— **ORG**: Me alegra que continuemos dialogando.

— **ACCD**: Lo mismo te digo. Y te agradezco esta nueva oportunidad que me das para seguir aclarando las dudas que puedas tener sobre lo que entendemos en nuestra Asociación por calidad y democracia y, en especial, sobre nuestra forma de operar y los beneficios que pueden esperarse de este tipo de actuaciones.

– **ORG**: Sí, en efecto, me quedé pensando que no habíamos hablado nada sobre el método. Sin entrar en detalles, ¿podrías adelantarme algunas ideas clave?

– **ACCD**: El método de trabajo que hemos puesto a punto comprende técnicas muy conocidas y contrastadas. Hablamos, por ejemplo, del análisis de influencias dominantes, de las fortalezas y amenazas, los puntos débiles y fuertes, que pueden poner en peligro o, por el contrario, favorecer la consecución de una determinada meta. Y, a partir de aquí, hablamos de la identificación de los factores críticos de éxito, es decir, de aquellos objetivos particulares en los que no caben los fallos pues, de incurrir en ellos, tu partido político no llegaría a la meta que se había propuesto alcanzar. Todo esto es necesario para poder determinar el sistema de indicadores de calidad (SIC), es decir, los valores relevantes, concretos, medibles y alcanzables por etapas, en períodos de tiempo precisos, consensuados, que os permitirán saber de qué modo os estáis acercando o separando de los objetivos propuestos. En fin, todo ello acaba recogido, como puedes suponer, en los correspondientes planes operativos, en la estrategia de comunicación (interna y externa), y en el calendario de sesiones de seguimiento y control, sin olvidar, claro está, las técnicas de semiótica visual que…

– **ORG**: No sigas, por favor, que mi organización no es ninguna empresa; esta institución es algo mucho más complejo. Emplear esos términos aquí…no sé…Dudo tanto de la viabilidad como de la utilidad que pueda tener este discurso para nosotros. 'Todo esto, aquí, ¿para qué; cómo; por qué?'. Te lo confieso: no he podido evitar hacerme estas preguntas mientras te escuchaba…

– **ACCD**: ¿Para qué? En pocas palabras: para que funcionéis mejor, para que trabajéis mejor, para que tengáis unas instituciones que sean creíbles y merezcan el nombre de organizaciones humanas reunidas en torno a objetivos compartidos. Porque la ideología marca el rumbo, pero sin organización no llegas a ninguna parte. Los gestos de pérdida de confianza, de desapego de una ciudadanía cada día más crispada, no sólo están motivados por la opacidad encubridora de la corrupción y por los ideales de izquierdas, si es que gobierna la derecha, o viceversa.

- **ORG**: Pues fíjate, yo diría que los ciudadanos votan más con 'las tripas', o por ideología, que con la cabeza.

- **ACCD**: Puede que tengas razón. Nosotros opinamos de otro modo. Creemos que el hartazgo ciudadano no está sólo motivado por tal o cual política, sino por la forma de trabajar en política, en los partidos, en las altas instancias del Estado, en el parlamento, en lo sindicatos...

- **ORG**: Bueno, es discutible. Pero incluso en el caso de que así fuera... ¿Sabes?, el mundo político es muy especial, y quienes lo habitamos... no sé, los egos personales lo invaden todo...te imaginas... Además, qué quieres que te diga, los partidos políticos actúan, en la práctica, ...como oficinas de colocación. Ya sabes: las cloacas. Sí, temo que propuestas del estilo de la vuestra crearían situaciones incómodas, explosivas incluso, de todo tipo.

- **ACCD**: Sí, claro, como en cualquier otro lugar. Pero en vuestro caso tendréis que acabar eligiendo entre ese tipo de incomodidades y la explosión que producirá una ciudadanía cada día más harta y, por tanto, más y más exigente.

- **ORG**: Lo siento, pero me suena todo tan lejano... ¿Estamos preparados para ello? ... dudo de la viabilidad de esta propuesta de calidad democrática, o de mejora continua, o como quiera que la llaméis.

- **ACCD**: Lo comprendo. Porque de lo que estamos hablando es de introducir un nuevo estilo en la cultura de vuestras organizaciones. O, dicho en otros términos, estamos hablando de una nueva cultura organizativa que, además, no se quede en los cajones; antes al contrario, que se haga pública, visible, e indivisiblemente unida al logo y la imagen de cada institución, de cada partido, de cada organismo. Y ello, **por exigencia y para conocimiento de los ciudadanos**; exigencia que, como te decía el otro día, nuestra Asociación se apresta a espolear. Acabaremos por no dejar margen para las operaciones cosméticas, de cara a la galería, o de mero lavado de imagen.

– **ORG:** Uf… lo que me dices me produce cierta sofocación… No sé. Por favor, antes de acabar háblame de la utilidad, de los beneficios, de todo eso… como me decías al principio.

– **ACCD:** Sí, con mucho gusto. En nuestro manual de trabajo (cara visible del corpus de conocimiento que elaboramos previamente) hablamos de los beneficios más inmediatos que una actuación de esta naturaleza os reporta a vosotros, en este caso, a un partido político. Dicho en pocas palabras, os ofrecemos una vía, no la única, ni suficiente por supuesto, pero sí eficaz y necesaria para que podáis recuperar la credibilidad y la confianza de los ciudadanos, con el consiguiente reflejo en las urnas. Aunque solo sea por instinto de supervivencia, creo firmemente que os interesa. Porque los ciudadanos somos, no lo olvidéis, vuestra razón de existir…

– **ORG:** Dicho así…

– **ACCD**: Es más, nosotros opinamos que esta forma de satisfacer vuestros legítimos intereses representa, a su vez, una significativa contribución a la regeneración de la acción política y, por tanto, al perfeccionamiento de la democracia.

– **ORG**: Puede. Sí… creo que empiezo a comprenderte. No sé… En fin, la distinción que haces entre 'regenerar' la política y 'perfeccionar' la democracia me parece importante. ¿Qué te parece si continuamos dialogando otro día?

– **ACCD**: Estaré encantado. Muchas gracias.

Y, a todo esto, ¿qué opinan nuestros amigos lectores? ¿Os parece que la propuesta de actuación que ofrecemos ayudará a regenerar la actividad política y, por consiguiente, a consolidar la democracia? O por el contrario, ¿creéis que esto de la calidad de las organizaciones políticas es una cuestión menor, vamos, algo sin ninguna trascendencia? Muchas gracias por darnos vuestra opinión.

Cordiales saludos,

Asociación por la Calidad y Cultura Democráticas
2 de abril de 2014

32. Entrevista en La Marea

"Los partidos políticos funcionan como un motor oxidado, sin ningún control de calidad"[144]

"Sin conocer y saber cómo funcionan los asuntos públicos, el ciudadano está a merced de su propia ignorancia". Esta declaración de intenciones resume el espíritu de una iniciativa de reciente creación, la asociación Calidad y Cultura Democráticas, fruto del diagnóstico hecho por un grupo de profesionales de varios campos que llegaron a la conclusión de que la falta de competencia de los ciudadanos en cuanto a la gestión de la cosa pública es el campo abonado en donde prospera "la demagogia de los líderes políticos, económicos y mediáticos". Esta asociación pretende convertirse en un espacio para compartir ideas, textos e instrumentos que reconcilien a los ciudadanos con la política en su sentido más noble: la búsqueda del interés común. Felipe Gómez-Pallete es su presidente.

¿Para muchos ciudadanos la democracia se limita a votar cada cuatro años y pagar impuestos?

Sí. Esta idea está aún muy instalada en la cabeza de la mayor parte de los ciudadanos pero de esa ilusión se está saliendo, pues la gente está empezando a hacerse preguntas. Y es porque de esa estafa, de esta crisis, tenemos que sacar efectos positivos. Para empezar, yo diría que hay dos; el primero, que la ciudadanía ha dado un puñetazo en la mesa; se ha cabreado con el político incapaz, con el banquero ladrón, con Bruselas, con el Gobierno. En resumen, ha dicho '¿esto qué es?' Un segundo efecto positivo, tan importante como el primero, es que los ciudadanos han tomado conciencia del papel que les compete en este desaguisado. Esta afirmación se vende muy mal, pero lo cierto es que nuestra asociación parte del supuesto de que tenemos una falta de formación que nos dificulta interpretar correctamente el discurso de políticos, banqueros, etc.: el discurso hegemónico. Y, en este sentido, somos copartícipes de la situación.

Pero, ¿si consideramos copartícipes a los ciudadanos no sería como exonerar a políticos, corruptos y banqueros?

Los ciudadanos somos copartícipes porque los políticos incapaces salen de entre nosotros, ninguno viene de Marte. Esto, por supuesto, no les excusa en absoluto. Sin embargo, hay que evitar caer en el pensamiento simple, pues las causas de esta situación no lo son. Esto no es una película de vaqueros donde siempre había un malo y un bueno. En la vida real, las causas son complejas. La falta de formación de la ciudadanía es fruto de los 40 años que hemos pasado en la inopia; en España no existía una cultura de comprender, de profundizar, de pensar. Siendo muy necesarias las protestas, la revuelta, también es necesario que el ciudadano esté formado para que esa denuncia esté fundamentada. Porque si, en el futuro, vuelve un ciclo económico de bonanza y el ciudadano sigue sin estar formado en política, el fundamento de la democracia seguirá siendo precario.

¿Este sistema se puede reformar o se debe empezar de cero como sugiere la creciente demanda por un proceso constituyente?

Las dos fórmulas eternas han sido los cambios, las reformas dentro del sistema, o bien el cambio total de éste. Estamos inmersos en una época de cambios; ahora bien, cambiar el sistema no tiene por qué ser violento ni traumático. Los cambios de gran calado, como podrían ser un proceso constituyente o un cambio de la forma de la jefatura de Estado deben plantearse y no permanecer bajo la alfombra. Si las grandes cuestiones de diseño del Estado siguen bajo la alfombra no se

189

llegará a nada. El origen de esta situación es multicausal y la solución también debe serlo.

¿Qué diagnóstico hace su asociación de los motivos de esta situación?

Una parte importante de nuestro diagnóstico radica en el Artículo 6 del Título Preliminar de la Constitución: el relativo a los partidos políticos, que es mentira y no se cumple, pues se plantea que los partidos deben ser de alguna manera el puente entre los ciudadanos y el Estado. Como ese puente está roto, arreglándolo se contribuiría a reparar el descalabro en el que estamos. Ésta no es la solución, pero sí una parte importante de ella.

El puente parece más roto que nunca, con escándalos de corrupción como el de Bárcenas

Nosotros abogamos por facilitar que los partidos políticos entren en la senda de la mejora continua. Nos da igual si se trata de IU, UPyD, PSOE o PP. Los partidos funcionan como un motor oxidado sin ningún control de calidad operativa. Mi sueño sería que estas formaciones dijeran, por ejemplo, "Tenemos un 60% de financiación sin declarar, pues bien, en cinco años, queremos que ese porcentaje baje al 20%", vamos, que se pusieran metas y que se comprometieran a cumplirlas. Eso llevaría a una mejor representación de los ciudadanos e iniciaría un círculo virtuoso, porque los partidos son uno de los motores claves de la democracia.

¿Tiene usted esperanza de que los partidos emprendan esa vía?

Desde luego no lo van a hacer motu proprio, sólo si los ciudadanos se empeñan y les obligan a ello.

Es difícil pensar en ese cambio con una ley electoral como la que tenemos que favorece el bipartidismo y la infrarrepresentación de las formaciones más pequeñas.

Sí, la cuestión de las listas, la ley electoral y el bipartidismo son otros de los aspectos de una situación que debería ponerse patas arriba. Pero no hay que olvidar que las leyes no construyen una sociedad, sino que la reflejan; los movimientos sociales, por ejemplo, obligan a poner al día las leyes. Tampoco hay que pensar que, si cambian las leyes o la Constitución, ya estará todo hecho. La sociedad va siempre por delante de las leyes.

Movimientos sociales como el 15M demuestran dan la espalda a la política; sin embargo, cada vez más voces abogan porque esos movimientos se conviertan en movimientos políticos.

La solución no está fuera de la política, sino de esta política; de estos partidos que tenemos ahora. Le voy a contar un episodio que me sucedió con un militante de alto nivel de uno de estos partidos; cuando le comenté que pretendíamos dotar a los partidos de herramientas para su mejora, su respuesta fue: "Felipe, no me jodas, que los partidos son oficinas de colocación". Es una manera de decir que estas formaciones han sido una manera de favorecer intereses particulares so pretexto de servir al interés general.

¿El abandono de la política beneficia a ciertos sectores?

Por supuesto, el mejor ejemplo son las cajas de ahorros. Estas entidades cuya finalidad era social tenían a políticos en sus consejos de administración; como algunos eran corruptos, en vez de sustituirlos por políticos honrados, se entregaron las cajas al sistema financiero privado. Este ejemplo es paradigmático de como el capital se ha aprovechado de determinadas situaciones en nombre del supuesto objetivo de acabar con la política. Además, en España, no se puede decir que nos guste lo público ni que el bien común haya sido una prioridad. Lo público nunca ha estado en el centro de nuestras preocupaciones; aquí ha primado más el *'¿Qué hay de lo mío?'*.

**Asociación por la Calidad y
Cultura Democráticas**
9 de junio de 2014

33. Debates visibles; debate oculto

He aquí algunos de los más importantes debates sobre cómo superar la crisis social en que nos encontramos:

Llamamos a estos y otros debates de parecida índole (todos necesarios; ninguno suficiente) "debates visibles". Y los llamamos así por su prominencia sobre este otro que denominamos "debate oculto" o debate pendiente, a saber: El debate sobre la necesidad de incorporar nuevos métodos de trabajo en la cultura organizativa de las formaciones políticas, tanto tradicionales como quincemayistas. Si esta cuestión fuera objeto de tan encendidos debates como los anteriormente apuntados, estaríamos hablando de detractores y partidarios del movimiento en favor de mejorar la competencia, pericia y aptitud de los partidos políticos para los procesos de toma de decisiones, la dirección de equipos humanos, el análisis de situaciones complejas, el establecimiento de metas y objetivos, así como para la planificación, puesta en marcha y seguimiento de las tareas a realizar, por citar únicamente algunas de las tareas que, ineludiblemente, deben practicarse a diario en cualquier tipo de asociación humana compuesta por personas que comparten valores y metas comunes.

Nosotros opinamos que este debate pendiente está tapado no solo por la omnipresencia de los debates visibles, sino también por otros factores culturales, entre los que destacamos estos tres:

1. **La reivindicación de la transparencia** (desvelar lo que estaba oculto) satisface la presión ciudadana por conocer los casos de corrupción pero, a su vez, oculta los planes de mejora continua de la calidad organizativa de los partidos, planes a los que los partidos deberían comprometerse públicamente. La Transparencia

(de lo hecho en el pasado) sin Compromiso (con el futuro) constituye un eslogan demagógico.

2. **La culpa siempre es del "Otro"**: Del capital para los socialismos; de la 'casta' para los emergentes; del inmigrante para los populistas; del político para los ciudadanos, etcétera como señala el historiador José Álvarez Junco en su espléndido artículo sobre el temor al Maligno[145]. El discurso dominante exige, en fin, ser bueno o malo, verdugo o víctima, siempre la "O" por medio; nunca la cooperación, la suma, la copulativa "Y", es decir, ambos: representantes electos y electores representados, política y economía, transición y siglo XXI, unidad y diversidad.

3. **El déficit cognitivo que caracteriza a gran parte de los líderes políticos**, razón de su incapacidad para el análisis y la gestión de situaciones complejas. Sí, puede decirse que el discurso dominante es un discurso simple[146], no por ramplón, chabacano o vulgar, que también; sobre todo, por lineal e incapaz, por tanto, de abarcar la realidad de nuestros días.

Esquema 1. Relación de debates visibles

Constitución 1978	En favor de cambiar la Constitución vs En contra de cambiar la Constitución
Sistema de partidos	En favor del multipartidismo vs En favor del bipartidismo
Forma de Estado	En favor de la Monarquía vs En favor de la República
Título VIII CE	Estado de las Autonomías vs Otras formas: federalismo, independencia
Representación	Democracia representativa (partidos) vs Protagonismo / participación popular
Nuevas tecnologías	Sedes analógicas (partidos tradicionales) vs Redes digitales (nuevos movimientos sociales)
Ideología	Izquierdas vs Derechas
Rendición de cuentas	En favor/en contra de la Ley de Transparencia, Acceso a la Información Pública y Buen Gobierno

193

Motivada por todo ello, por la necesidad de ofrecer soluciones prácticas que ayuden a superar la actual situación de crisis social, esta asociación ha abierto un camino para mejorar el funcionamiento interno de los partidos políticos, conocido como método SIC/P (Sistema de Indicadores de Calidad para organizaciones políticas), del que existe una primera versión bajo licencia de *Creative Commons.*

Sobre todo ello, tenemos dos preguntas para nuestros amables seguidores:

- ¿En qué medida compartes el diagnóstico "debates visibles; debate oculto"?

- ¿Crees posible la aplicación práctica de nuestra propuesta SIC/P?

Muchas gracias por vuestras respuestas.
Cordiales saludos,

**Asociación por la Calidad y
Cultura Democráticas**
11 de junio de 2014

34. La prueba del algodón de Podemos

Desde la Asociación por la Calidad y la Cultura Democráticas reco-mendamos vivamente la lectura del artículo "La prueba del algodón de Podemos" firmado por Antonio M. Jaime-Castillo (Universidad de

Málaga) y Xavier Coller (Universidad Pablo de Olavide)[147]. Ambos profesores son miembros del grupo de investigación *Democracias y Autonomías: Sociedad y Política.*

Los profesores Jaime-Castillo y Coller aprovechan el fenómeno electoral de Podemos para recordar, con sobresaliente sencillez y claridad, la conocida y siempre vigente tensión entre la aspiración a participar y la necesidad de organizarse que experimentan las asociaciones humanas de todo tipo, incluidas las de naturaleza política. Una cuestión a la que prestamos especial atención en nuestra próxima Guía para asesores de partidos políticos y que representamos gráficamente con imágenes como la que encabeza esta entrada.

Queremos felicitar a los profesores Jaime-Castillo y Coller por su contribución a un debate tan necesario como éste. Un debate que permanece oculto por la hegemonía mediática que ejercen quienes se ocupan de las "grandes cuestiones" de Estado.

**Asociación por la Calidad y
Cultura Democráticas**
15 de julio de 2014

35. La regeneración democrática es un cuento chino

¿Quieres saber porqué "la regeneración democrática" es un cuento chino?

La regeneración democrática es un embuste porque quienes la enarbolan para amenazar a los corruptos:

- Siguen la moda de la transparencia (pp. 59-61)
- Fomentan el predominio de la normativa (pp. 61-62)
- Encuentran en 'los otros' su propia razón de ser (pp.62-63)

195

Así actúan unos y otros, los partidos políticos en particular (desde el PP al inminente Podemos, pasando por el PSOE o IU) y, en general, las instituciones y órganos del Estado sobre los que descansa el funcionamiento de una sociedad democrática, desde la Casa del Rey hasta el sindicato menos combativo, incluidos el Congreso de los Diputados o el Tribunal de Cuentas.

Hablan de corrupción como problema y omiten analizarlo como síntoma. Hablan de regeneración democrática, cuando la democracia no se regenera. La democracia se perfecciona, se consolida. Lo que debemos regenerar es la arquitectura y la acción políticas.

¿Quieres saber cómo se puede trabajar para recuperar la credibilidad y el prestigio de la política? La respuesta la encuentras en el siguiente documento PDF titulado "Por la credibilidad y el prestigio de la política. Una recomendación de Calidad y Cultura Democráticas".

Asociación por la Calidad y Cultura Democráticas
26 de septiembre de 2014

36. Ciudadanía empoderada

La crisis de los medios convencionales y la de los partidos políticos van de la mano. No han querido ver que las cosas estaban cambiando y así, estas dos profesiones se han quedado caducas en sus formas de hacer. Dos profesiones que en vez de haber estado dando prioridad a las exigencias ciudadanas, han estado al servicio de la clase dominante. Hasta ahora, ha habido dos vías para ejercer una ciudadanía de baja intensidad: comprar marcas y votar siglas (V. Sampedro. El 4º Poder en Red. 2014). Pero esto ya se ha terminado. Los ciudadanos armados en formación e información reclaman su lugar en el entramado político y mediático.

Al igual que el periodista debería reconocer que ahora comparte protagonismo y visibilidad con unos ciudadanos que pueden producir noticias (V. Sampedro, Ibídem), los partidos políticos ya no pueden actuar sin atender las exigencias de la calle. En los últimos años, han aparecido y están apareciendo nuevas plataformas en la red creadas por los ciudadanos de manera desinteresada que generan ideas y proyectos y que, por otra parte, intervienen en forma de control y fiscalización de las instituciones.

Ejemplo de ello es esta **asociación, desde la que proponemos que los partidos políticos mejoren sus procesos internos mediante un método que les permitirá poner en marcha sus propio Sistema de Indicadores de Calidad (SIC).** En España y en el resto del mundo, existen otras muchas organizaciones que tienen entre sus características la crítica al adoctrinamiento ideológico y a la falta de formación de los representantes públicos, y se centran en la denuncia, transparencia y rendición de cuentas, el derecho a la información y el conocimiento público. Con su orientación menos consensual, menos lucrativa y menos jerarquizada, promueven la innovación social –promocionan determinadas leyes, de transparencia, de acceso a la información– y rediseños institucionales. En definitiva, cuanto más construyamos política entre todos y tengamos un periodismo del bien común, nuestra democracia será más saludable.

Ester Crespo
Periodista e investigadora de la
Asociación por la Calidad y Cultura Democráticas
19 de enero de 2015

37. La brújula

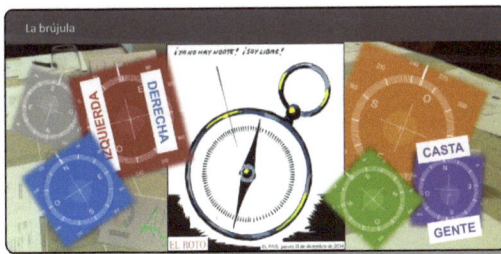

Todo sucede como si hubiéramos perdido el norte. La gran brújula socio política gira enloquecida entre diferentes ejes magnéticos: [Ideológico: izquierdas – derechas], [Populista: casta – gente], [Generacional: lo viejo – lo nuevo], etcétera. Sí, todo parece indicar que la aguja no sabe a qué campo de fuerzas responder. La Asociación por la Calidad y Cultura Democráticas propone dos vías complementarias para superar estos momentos de desconcierto:

1. Aumentar la cultura política de los ciudadanos
2. Mejorar la calidad de las organizaciones políticas

Para lo primero, mantenemos esta Web, sus entradas y mensajes, y en las redes sociales aportamos nuestros puntos de vista. Opinamos que gran parte del problema se deriva de la ignorancia popular. Acaso sea éste un mensaje poco amable. Pues puede que sea interpretado por algunos en clave elitista. Mas con todo, lo creemos cierto, poderoso y útil para interpretar el mundo que estamos construyendo.

Para lo segundo, hemos elaborado un método de trabajo. Porque creemos que el fascinante momento político que vivimos no debe relegar al olvido la necesidad que tienen las instituciones de ser organizaciones eficientes y eficaces. Y para esto, no se ha inventado mejor forma de operar que la que supone velar por la mejora continua de los procesos en el seno de los partidos, los sindicatos, las patronales y los órganos del Estado sobre los que descansa el funcionamiento de una sociedad democrática. **Olvidar la calidad de las organizaciones por un exceso de enamoramiento ideológico es el peor de los tiros que podemos propinarnos.** En especial ahora, cuando el futuro organizativo se está escribiendo en la frontera que se extiende entre los electores representados y los representantes electos. Una frontera que no es estática, porque se está desplazando en el mismo sentido y dirección que la flecha que apunta desde la democracia representativa a la directa.

La documentación sobre el método de trabajo SIC (Sistema de Indicadores de Calidad) estará disponible dentro de pocas semanas, y será distribuido de forma gratuita entre las personas físicas y jurídicas que lo soliciten. Porque nuestro servicio a la sociedad consiste en ayudar a aplicarlo en la práctica. Para que la política recupere el prestigio y la credibilidad que todos necesitamos.

Cordiales saludos,

Asociación por la Calidad y Cultura Democráticas
20 de enero de 2015

38. La felicidad política

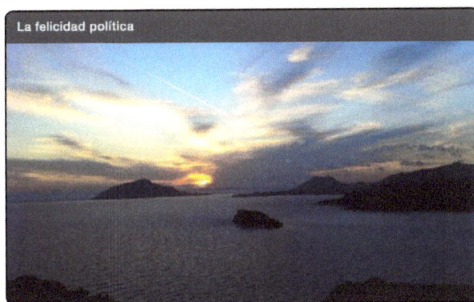

"Instruir la democracia, reanimar sus creencias, purificar sus costumbres, regular sus movimientos, sustituir, poco a poco, inexperiencia por la ciencia de los asuntos públicos, instintos ciegos por el conocimiento de verdaderos intereses, adecuar el gobierno a épocas y lugares, modificarlo según las circunstancias". Esta es la receta que en primer lugar deben seguir quienes dirijan la sociedad, según escribía Alexis de Toqueville, tras observar cómo se construía _la democracia en América_, a finales del siglo XIX. En su obra, el autor también reconoce: "Confieso que es difícil señalar a ciencia cierta el medio para despertar a un pueblo ensoñado, y otorgarle las pasiones y la ilustración que no tiene". Este pensador se suma así a otros cientos más que expresan el convencimiento de que es la educación, los saberes, el aprendizaje y, en definitiva, la cultura el único remedio a los males actuales. Benjamin Barber es otro de ellos, cuando define una **democracia fuerte como aquella basada en una actividad política creativa que busca beneficiar a los integrantes de la sociedad.** Insiste en que esos beneficios han de ser constituidos y propuestos por la misma ciudadanía, que a su vez debe pensar activamente proyectos y reformas, para **mejorar día a día el entorno**. Y añade: no deben de hacerlo por un interés egoísta, sino porque es una manera más para conseguir, de facto, que el ciudadan@ sea un auténtic@ ciudadan@.

Hoy, sin embargo, asistimos a un paisaje cultural devastado ideológica y éticamente. Para defenderse con éxito de los ataques que sufre el sistema, es preciso lograr que los principios democráticos y los valores éticos se desarrollen, y se adhieran en las ideas, estilos, manías y rutinas

199

de todas las que convivimos en sociedad. Más allá de las leyes, más allá de la transparencia (obligada), se vuelve cardinal mantener una actitud cívica constante que, a lo largo del tiempo, transfunda deontología democrática a una cultura política, que acepta en buen grado formas de hacer propias del caciquismo más pestilente. Es ahí, más allá del voto, en las prácticas cotidianas, hasta en cada detalle, desde dónde se ha de iniciar el **cambio** que esperamos. Solo existe ciudadanía allá donde la democracia es sólida, por lo que no deberíamos olvidar, volviendo a Toqueville, que **mientras la democracia no haya arraigado en las costumbres es fácil destruirla.**

¿Tan engorroso resulta comportarse con responsabilidad? ¿No hay forma de fortalecer nuevos/viejos, mejores hábitos de convivencia? No esperemos milagros: **la eficacia, la eficiencia, la honestidad o la reivindicación de ser ejemplares,** tendrán que arrancar desde cada uno de nuestros cuerpos. No es normal culpar siempre al otro de todos los males, ni necesario poner siempre la otra mejilla. **Potenciar nuestra capacidad ejecutiva, organizadora, y sinérgica en busca del bienestar de la comunidad, conseguir convivir de manera digna apremia.** Y para ello, siguiendo la apuesta del filósofo José Antonio Marina, hemos de implicarnos en una "gran movilización educativa porque, como reza un proverbio africano, para educar a un niño se necesita toda una tribu y, para educar bien a un niño, a una buena tribu". Adquiriendo modales cívicos, por tanto, mejoraremos nuestras **competencias, aptitudes,** aprovecharemos la **inteligencia colectiva,** y seremos capaces de consolidar un ambiente pacífico en el que sentirnos cómodas, desde el que **construir posibilidades.** Y es que, en democracia toda ciudadanía es experta, **empodera** a quien la habita y la siente.

No hay que desesperar, aunque lo que podamos aportar sea pequeño, el objetivo que perseguimos es grande. La felicidad se alcanza, decía Gandhi, cuando lo que se dice, lo que se piensa y lo que se hace están en armonía. **Comprometámonos entonces con esa meta, corrigiendo en el camino si nos desviamos, perfeccionando el proceso democrático**, y haciendo, al fin y al cabo, de la felicidad un hábito.

Sofía de Roa
Periodista e investigadora en la
Asociación Calidad y Cultura Democráticas
23 de enero de 2015

39. La luz, fuente de transparencia

"Trabajamos para que exista una transparencia real y un libre acceso a los datos públicos por parte de cualquier ciudadano u organización. Creemos en una sociedad construida por una ciudadanía activa y participativa con una fuerte responsabilidad democrática".

Esta es la misión de la Fundación Ciudadana Civio, en España, que trata de conseguir a través de sus proyectos *Tu derecho a saber, El BOE nuestro de cada día, ¿Quién manda?, El indultómetro, España en Llamas, ¿Dónde van mis impuestos?* y *Digo Diego*. La web *Tu derecho a saber*, creada junto a Acces Info Europe, facilita el envío de peticiones de información a instituciones públicas; *¿Dónde van mis impuestos?* es una herramienta para visualizar cuánto dinero gastan la Administración General del Estado y la Seguridad Social, y cómo lo gastan. Con *El BOE nuestro de cada día*, Eva Belmonte extrae la información más relevante del BOE, en *¿Quién Manda?* ofrecen las conexiones entre organismos, empresas y personas influyentes y en *El Indultómetro* muestran datos sobre indultos desde 1996. Por último, en *Digo Diego* aparecen los tuits que borran los políticos y *España en Llamas* averigua por qué se quema el monte y quién paga por ello.

Además, Civio ofrece formación a los periodistas y a la ciudadanía en general y cuentan con un portal, *Escuela Civio*, de recursos formativos sobre periodismo de datos y transparencia. En definitiva, **esta plataforma ciudadana combina las herramientas informáticas con el periodismo de datos para desarrollar aplicaciones digitales innovadoras**, que facilitan el acceso y la lectura de información pública tanto a los ciudadanos como a todo tipo de organizaciones, ONGs o medios de comunicación.

La fundación Sunlight, de Estados Unidos, una de las organizaciones en las que se inspiró Civio, tomó su nombre de una cita del juez Louis Brandeis: "Se dice que no hay mayor desinfectante que la luz del sol", y **ese es el objetivo de Civio, ser un foco de luz sobre el gobierno, ayudándose de los ciudadanos para aplicar el desinfectante.**

Ester Crespo
Periodista e investigadora de la
Asociación por la Calidad y Cultura Democráticas
25 de enero de 2015

40. De regreso a Atenas

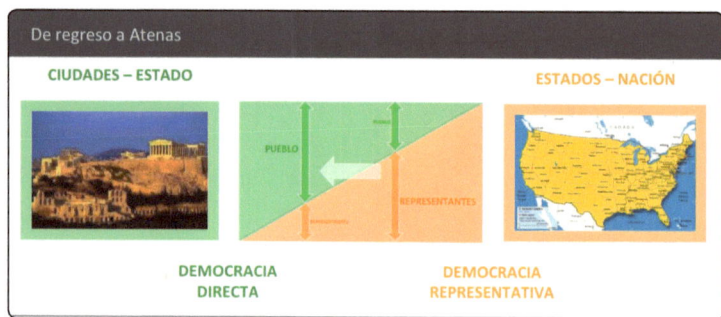

El ideal de la **democracia directa** ateniense fracasó al degenerar en populismo, demagogia e ingobernabilidad. Siglos después se reinventó en Estados Unidos como **democracia representativa**, "un sistema en el que más que permitir al pueblo gobernarse a sí mismo, se le concedía el poder de elegir y deponer a sus gobernantes"[148]. El camino desde la democracia directa hacia la representativa –un camino impuesto por la ley del tiempo y el número[149]–, nunca fue fácil ni siempre lineal o ascendente[150].

Y ahora, entrado ya el siglo XXI, **emprendemos el camino de regreso hacia Atenas**, un camino igualmente difícil, si bien por motivos muy diferentes, porque "la historia no se repite, pero rima". A lo que hoy nos enfrentamos es a una profunda crisis social (económica, institucional y de legitimación política)[151] en el marco de una realidad global[152] de dimensiones inéditas.

Porque si bien es verdad que existen más Estados democráticos que nunca antes en la historia de la humanidad, no es menos cierto que las muestras de descontento con el estado actual de los regímenes democráticos ha alcanzado asimismo cotas hasta ahora desconocidas.

En el núcleo de esta tormenta perfecta se está desarrollando **una creciente presión para que los ciudadanos vuelvan a estar presentes (y no solo representados) en los procesos de toma de decisiones políticas**. Porque los representantes en quienes los ciudadanos habíamos delegado nuestros asuntos, lejos de tenernos presentes, se han enrocado. Y la ciudadanía ha dicho basta: "No nos representan".

¿Cómo desenvolverse en este escenario de renovadas exigencias organizativas que está pidiendo a gritos la sociedad? En el gráfico que acompaña estas líneas lo decimos sin rodeos: Cada ámbito requiere métodos de trabajo *ad hoc*. Nosotros somos especialistas en los métodos que deben emplearse en la base de una pirámide en cuya cima se sitúa la soberanía popular.

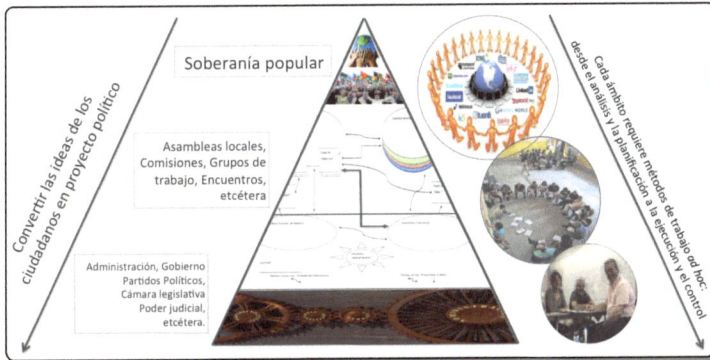

Víctor Lapuente acaba de referirse desde Gotemburgo a uno de los principales obstáculos a superar: "La política debe ganar crédito propio más que quitárselo al adversario [para lo que es preciso que] **tanto en fines como en medios salga de la zona de confort**"[153]. A lo que nosotros añadimos que el abandono de mentalidades y hábitos obsoletos pasa, a su vez, por la superación del necio recelo de quienes, desde la política, ven con malos ojos las categorías y los métodos propios de la administración de empresas. Y viceversa.

Definitivamente, hemos de ser capaces de **conjugar ambos discursos**: Participación, acción colectiva, horizontalidad, asamblearismo, y democracia, por un lado y, por otro, el discurso propio de las ciencias de la administración y gestión: organización, jerarquía, toma de decisiones, acción coordinada y burocracia.

Si quieres saber cómo se combinan ambos mundos, estamos a tu disposición. Por nuestra parte, nosotros estamos deseando comprender por qué en particular los partidos políticos son tan reacios a tomar este camino: el de la mejora continua de sus procesos. ¿Podemos ayudarnos?

Cordiales saludos,

Asociación por la Calidad y Cultura democráticas
28 de enero de 2015

Selección de tuits

⁊⦂

- 11 ago 2013
  Daniel Innerarity. La democracia no se reduce a un pueblo-víctima, sano y virtuoso, opuesto a un cuadro institucional corrupto.

- 13 ago 2013
  Carles Casajuana. "La necesidad de estabilidad ha blindado excesivamente a los aparatos y gobiernos de los grandes partidos".

- 15 ago 2013
  La mejora continúa, es el alimento de la razón y el camino hacia la excelencia.

- 19 ago 2013
  Javier Moreno Luzón. "Sólo la competencia basada en el saber (...) nos sacará del marasmo".

- 20 ago 2013
  Paradoja: La Transparencia es necesaria; pero cuando se limita a satisfacer la curiosidad ciudadana o a sonrojar a las instituciones opacas, oculta la raíz de los problemas.

- 20 ago 2013
  La corrupción no es ni "el" problema ni un "problema"; es un síntoma del deterioro institucional.

- 20 ago 2013
  Juan Carlos Rodríguez Ibarra. "La democracia ha dejado de ser piramidal para convertirse en un proceso horizontal".

- 27 ago 2013
  John Ruskin. "La calidad nunca es un accidente; siempre es el resultado de un esfuerzo de la inteligencia."

- 28 ago 2013
  Francisco López Peña. "Si un político no rinde cuentas por sus faltas [cometidas], se acaba pervirtiendo el sistema". ¡Vale!, ¿y si no cumple con el futuro [prometido]?

- 11 oct 2013
  José Luis Pardo. Dos caras de la misma moneda: Los políticos y su compromiso con los ciudadanos, y los ciudadanos y nuestros deberes civiles.

- 14 oct 2013
  Manuel-Reyes Mate. De la desvergüenza de unos políticos y la amoralidad de sus votantes.

- 22 oct 2013
  Xavier Martínez Celorrio. Si queremos nuevas formas de hacer política, debemos cambiar y crecer como ciudadanos competentes y comprometidos.

- 7 nov 2013
  Joan Navarro. "¿Ha muerto el partido?". Los partidos ineficaces, al servicio de los cargos electos, han dejado de responder a las necesidades de los electores.

- 13 dic 2013
  José María Ruiz Soroa: Los políticos se aferran a la idea de que reescribir las reglas produce una mejora instantánea de la democracia.

- 1 mar 2014
  Daniel Innerarity: "Los ciudadanos tendríamos más autoridad con nuestras críticas si pusiéramos el mismo empeño en formarnos y comprometernos".

- 13 abr 2014
  Benito Arruñada: "Las élites no son las únicas 'extractivas'; los ciudadanos, las masas, también lo son".

- 2 jun 2014
Las leyes de transparencia tienen poco o ningún impacto sobre la calidad democrática.

- 6 jun 2014
Ignacio Urquizu: "¿Élites contra ciudadanos?"

- 23 jun 2014
Igor Sábada. "La tecnología para los movimientos sociales: ni caja mágica ni quimera".

- 27 jun 2014
¿Salvarán los hackers el periodismo… y la democracia? **Víctor Sampedro** en su nuevo libro: "El Cuarto Poder en red".

- 29 jun 2014
Fernando Vallespín. En política, "al final ganará el más competente y convincente: bienvenida sea aquí también la competencia".

- 3 jul 2014
El **Partido X** se suma a trabajar por la renovación permanente del funcionamiento de los partidos. ¡Bienvenidos!

- 16 jul 2014
Antonio M. Jaime-Castillo y **Xavier Coller**. El futuro de **Podemos**: Tensión entre la aspiración a participar y la necesidad de organizarse.

- 20 jul 2014
Santos Juliá. "Hay que explicar en qué, cómo y por qué han fallado las instituciones".

- 5 ago 2014
Emilio Lamo de Espinosa. "¿Qué es lo que se diseñó pero no ha funcionado como se esperaba? La respuesta es evidente: los partidos políticos".

- 16 ago 2014
Víctor Lapuente Giné. Despolitizar la gestión no es virar hacia tecnocracia, abandonar democracia, sino centrarse en la política que cuenta.

- 17 ago 2014
José Juan Toharia. "Tal y como ahora están los partidos organizados y funcionan, es muy difícil que logren atraer a las personas".

- 2 sept 2014
Javier Moreno Luzón. "La caída de los grandes caciques" ¿Y para cuándo la responsabilidad social de los partidos.

- 8 sept 2014
Belén Barreiros. "Cuando tienes tantas limitaciones qué menos que ofrecer la ejemplaridad".

- 15 sept 2014
Antoni Gutiérrez-Rubí. "Ser ejemplar es tener un comportamiento capaz de despertar admiración y de querer ser imitado".

- 2 oct 2014
Ignacio Sotelo: Los sistemas sociopolíticos no se reforman y, al final, mueren.

- 6 oct 2014
Joan Ridao i Martín. Su "Regeneración *sine die*" ofrece más de lo mismo: normas, normas, normas.

- 10 oct 2014
Guillermo Altares sobre **Patrick Modiano**: "Hay que tener una enorme valentía y una lúcida cantidad de dudas para atreverse a contradecir el discurso dominante".

- 15 oct 2014
Ricardo Calleja Rovira. En materia moral la ejemplaridad es el factor clave. Pero ¿por iniciativa propia o como respuesta a la presión social?

- 15 oct 2014
Rafael Chirbes. "Pero de algún modo, la ciudadanía tiene su parte de responsabilidad. Hemos bajado la guardia".

- 15 oct 2014
Digámoslo así: la cadena de valor de la política abarca desde las ideas de los ciudadanos hasta el proyecto político y su puesta en práctica

- 16 oct 2014

Por no discutir lo indiscutible –¡Transparencia!– acabaremos legitimando el pasado al precio de escamotear el futuro.

- 24 oct 2014

No todos los problemas son causados (sólo) por los que mandan, ni todos se resuelven (sólo) con democracia, participación y transparencia.

- 24 oct 2014

Para resolver problemas se requiere (también): calidad, no solo transparencia; mejora continua, no solo leyes; ejemplaridad, no sólo control.

- 24 oct 2014

La frontera (y la disputa por la primacía) está entre las bases participativas y la promotora.

- 25 oct 2014

Los documentos de **Podemos** a votación (asamblea constituyente, octubre 2014) suman 860 páginas: 9% propuestas éticas, 23% propuestas políticas y 68% propuestas organizativas.

- 26 oct 2014

José Luis Barbería. "La hora de la regeneración". Sí, pero sólo leyes, control y transparencia no basta. Además son necesarias mejora continua, calidad, ejemplaridad.

- 29 oct 2014

La fórmula del **Círculo Cívico de Opinión** [Regeneración = leyes + control + transparencia] es incompleta. Falta: [Calidad = mejora continua + ejemplaridad].

- 29 oct 2014

Javier Gomá. "Cumplir la ley es necesario, pero no suficiente".

- 31 oct 2014

Andrés Ortega. "Es necesario un cambio en la cultura democrática".

- 1 nov 2014

Pau Luque Sánchez. "Cuando en política los procedimientos pasan a ocupar un lugar secundario, los objetivos últimos (…) adquieren un estatus abstracto, prácticamente ficticio".

- 3 nov 2014
El Club del Pensamiento Simple (inspirado en **José María Martín Patino**) amplía su base de socios con motivo del 9N catalán.

- 4 nov 2014
La Casa del Rey difundirá auditorías externas: No basta. ¿Para cuándo la incorporación de métodos de mejora continua y publicidad de resultados?

- 4 nov 2014
Nuevo *raca raca* de **Transparencia Internacional**: medidas, pactos, límites ¿Para cuándo técnicas de mejora continua y ejemplaridad?

- 7 nov 2014
Si se consolidara la actual vía secesionista catalana, habríamos de reformular algunos principios básicos de democracia.

- 9 nov 2014
Mariano Rajoy y **Pedro Sánchez** muestran sus productos defectuosos, no la imperfección de sus procesos. Piden perdón por lo primero y ocultan lo segundo.

- 11 nov 2014
Francesc Serés, nuevo miembro del Club del Pensamiento Simple. Discurso de ingreso: "La primavera que no cesa".

- 11 nov 2014
Corrupción: en democracia es posible una limpieza radical mediante el voto. ¿Y entre elección y elección?: mejora continua de procesos y ejemplaridad.

- 14 nov 2014
Francesc de Carreras. En la entrada del Club del Pensamiento Simple se lee este lema: 'La ignorancia, aún más que la corrupción, daña a la democracia'.

- 14 nov 2014
Victoria Anderica. España necesita desesperadamente una buena ley de transparencia.

- 16 nov 2014

El Club del Pensamiento Simple aprueba el ingreso de **Artur Mas**: "Los estados democráticos adultos respetan el derecho a decidir, como en Canadá y Escocia".

- 22 nov 2014

Para unos, el fin es la independencia y el 9N un medio para alcanzarla. Para otros el fin es la unidad y la ley, un medio. Para claridad de todos: ¿debatimos medios o debatimos fines?

- 23 nov 2014

Para **Joaquim Gay de Montellá** "la solidaridad [entre las distintas regiones de España] es circunstancial, no para siempre" (sic).

- 24 nov 2014

Corrupción = Corruptores + Corrompidos, unos y otros, empresarios y políticos. Las leyes bajan la fiebre; no curan la enfermedad.

- 24 nov 2014

Manuel Cruz, sobre la cuestión catalana: "Como si (…) la ausencia de democracia pudiera fundar la democracia".

- 27 nov 2014

Francesc de Carreras. Muchos ciudadanos deberíamos mirarnos al espejo y preguntarnos por nuestra formación política.

- 28 nov 2014

Víctor Pérez-Díaz. En lugar de asomarnos a una ventana y mirar a los demás, deberíamos observarnos en un espejo.

- 1 dic 2014

José Antonio Marina elogia la práctica "Seis sigma". Y le escandaliza la política, "como paradigma de una actividad que no ha conseguido establecer criterios de calidad".

- 3 dic 2014

Las 3 "P" por orden de aparición: **PSOE, PP** y **Podemos**. Sus programas convergen. Y en la ignorancia de la mejora continua de sus procesos, coinciden.

- 3 dic 2014

Visto lo visto, la mejora continua de procesos será el principal factor diferenciador entre las 3 "P": **PSOE, PP** y **Podemos**. Quien dé primero dará dos veces.

- 3 dic 2014

José Ignacio Torreblanca: "Pablo Iglesias: ¿Tú ser socialdemócrata? Mi no entender nada". Compartimos perplejidad: **PSOE = PP = Podemos**.

- 4 dic 2014

Jesús Ceberio ingresa en el Club del Pensamiento Simple por su película de vaqueros: pistolero-malo (PP) contra sheriff-bueno (los demás).

- 5 dic 2014

Felipe VI prohíbe regalos: pan para hoy, hambre para mañana, si no se introducen métodos de mejora continua y se publicitan resultados. ¡Ya!

- 5 dic 2014

Nos alarma la corrupción. Pero de poco sirve mirar para atrás (transparencia) si no se prepara desde hoy el futuro: ¡métodos de mejora continua, ya!

- 5 dic 2014

Puede ser lícito que un concejal ratifique un contrato a favor de un familiar. Pero no es ejemplar. ¡Métodos de mejora continua, ya!

- 10 dic 2014

La transparencia es a la democracia lo que el valor al soldado: se le supone. Métodos de mejora continua y publicidad de resultados, ¡ya!

- 10 dic 2014

En los métodos de trabajo entre electores representados y representantes electos nos jugamos el prestigio y la credibilidad de la política.

- 11 dic 2014

Ignacio Urquizu. "Muchos de los debates públicos (…) son superficiales y se quedan en lo 'anecdótico', sin llegar a profundizar en los problemas".

– 11 dic 2014

Ignacio Urquizu. "Esta desafección [de la ciudadanía] no ha encontrado respuestas en los partidos tradicionales". Porque el pirómano no es buen bombero.

– 16 dic 2014

Juan José Ibarretxe, nuevo miembro del Club del Pensamiento Simple: "La gestión de nuestros recursos genera una cultura de la 'autorresponsabilidad'".

– 19 dic 2014

José María Ruiz Soroa explica las claves del ingreso, por insolidaridad, del ex lendakari Ibarretxe en Club del Pensamiento Simple.

– 23 dic 2014

Con transparencia y sin métodos de mejora continua no hay **Podemos** ni regeneración que dure; dentro de unos años, estaremos donde estamos hoy.

– 24 dic 2014

José Antonio Zarzalejos nos recuerda la sentencia "todo fluye, nada permanece" de Heráclito. Por eso, las normas no bastan: Mejora continua, ¡ya!

– 26 dic 2014

Mariángel Alcázar. "El **Rey** reclama un reencuentro cordial entre **Catalunya** [una parte] y **España** [el todo]". Esta es la complejidad: la relación entre las partes, y entre éstas y el todo.

– 26 dic 2014

Para "actualizar el funcionamiento de nuestra sociedad" (**Felipe VI**), no basta con modernizar leyes. Es imprescindible impulsar la mejora continua de procesos.

– 31 dic 2014

"Los partidos están faltos de capital político". Y de métodos de mejora continua y publicación diaria de resultados.

– 4 ene 2015

Jordi Turull ingresa en el Club del Pensamiento Simple: "Mira que es fácil decir si se está a favor o no de un referéndum".

- 6 ene 2015

Gregorio Martín Quetglas: El trabajo, un bien escaso. Un reto político de primera magnitud. La forma de afrontarlo determina el cambio social. Ignorarlo es mala estrategia.

- 12 ene 2015

Mensaje a las 3 "P" (**PSOE, PP** y **Podemos**): Es una cuestión de organización, no sólo de política. Implantar métodos de mejora continua, ¡ya!

- 13 ene 2015

¿Qué ofrece **Podemos** para solucionar el bipartidismo? Nada: ni **PSOE** ni **PP** ni **Podemos** proponen la mejora continua de sus procesos ¡Calidad ya!

- 12 ene 2015

Helen Darbishire: Para que un país sea transparente se necesita un cambio cultural.

- 14 ene 2015

Begoña Gutiérrez entra por la puerta grande en el Club del Pensamiento Simple: "Si se plantea quitar la semana Santa, los ciudadanos decidirán".

- 14 ene 2015

Si no existiera **Podemos**, habría que inventarlo. Y dotarlo de un discurso comprometido con la mejora continua de sus procesos internos.

- 14 ene 2015

Víctor Sampedro: "El mayor riesgo de **Podemos** es que funcione de arriba abajo".

- 17 ene 2015

BOE (16-01-2015): A 52.704.139,88 € ascendió la subvención del Estado en 2014 para gastos ordinarios de los partidos, ¡sin mejora continua de procesos!

- 18 ene 2015

El "Club del Pensamiento Simple (institución que denuncia las opiniones necias de líderes) se felicita por esta propuesta de **Brian Cox**: Más y mejor divulgación científica.

– 18 ene 2015

Si el juego izquierdas-derechas es de trileros (según **Pablo Iglesias**), el eje casta-gente no es creíble sin mejora continua de procesos.

– 22 ene 2015

Paolo Flores d'Arcais. La partidocracia se fusiona con los medios de comunicación y, al aliarse con el poder económico, privatiza la política.

– 23 ene 2015

Emilio Lamo de Espinosa: "...si no se puede ser catalán y español al mismo tiempo, ¿se puede ser catalán y europeo?".

– 24 ene 2015

El pasado y el presente se analizan, pero el futuro se construye. Y es preferible construirlo poco a poco (mejora continua) que limitarse a legislarlo.

– 26 ene 2015

Víctor Lapuente desde Gotemburgo: "En democracia la única revolución que funciona es la del cambio progresivo". ¡Mejora continua, ya!

– 26 ene 2015

Carmen Pérez-Lanzac. "**Podemos** es quien ha puesto la participación con mayúsculas en el mapa". Pero sin organización, la participación es un mantra, un eslogan vacío y repetitivo.

– 27 ene 2015

El Roto: "En el partido quieren caras nuevas, así que me la estoy cambiando".

– 27 ene 2015

No queremos (sólo) hechos transparentes. Exigimos (además) mejora continua de procesos y publicidad de resultados

– 27 ene 2015

Los hechos sucedieron o suceden. Y los objetivos de mejora continua 'sucederán', pero solo si te lo propones. ¿Se lo proponen **PPSOE**? ¿Y **Podemos**?

215

- 5 febrero 2015

  Antón Losada. "La manifestación se acaba al final del día. El voto dura cuatro años. A los votantes hay que darles algo más que un enemigo." Y a los partidos exigirles ¡mejora continua, ya!

- 13 feb 2015

  Adivinanza: ¿Qué organizaciones necesitan ser votadas para llegar al poder pero sufren para organizar elecciones dentro de ellas?

- 14 feb 2015

  Con ocasión de la **lista Falciani**: No puede incurrirse por más tiempo en la odiosa hipocresía de atribuir todas las conductas reprobables a la política.

- 14 feb 2015

  España tiene un grave problema de corrupción social = elusión impuestos + economía sumergida + actividad delictiva + participación en la corrupción política.

- 17 feb 2015

  Obscenidad + Obstinación = Seguir ignorando que la ciudadanía quiere políticos de prestigio profesional e intelectual.

- 18 feb 2015

  ¿Qué opinaría hoy Francisco Giner de los Ríos de la regeneración política en curso? Nuestro homenaje a la Institución Libre de Enseñanza.

- 18 feb 2015

  Tania Sánchez + Equo. Mal comienzo. Cuando la ideología ignora la organización, las propuestas carecen de fundamento y política se escribe con minúscula.

- 18 feb 2015

  Marina Garcés. Se puede (y se debe) pelear sin abolir la complejidad de lo real. Las narraciones lineales, como las películas, sólo tienen dos opciones: acabar bien o mal.

- 1 mar 2015

  Josep Ramoneda. La democracia ganaría calidad y la política recuperaría prestigio si se renovaran procedimientos y maneras de actuar.

- 1 mar 2015
  Año electoral: Los políticos debe plantearse soluciones contra el paro y la pobreza. Pero sin comprometerse con mejora continua en todas las instancias de la acción política gigantes con pies de barro.

- 3 mar 2015
  Félix de Azúa. "No hay un lenguaje inteligible en la política actual y el que se usa o bien es grotescamente demagógico o está vacío de todo contenido".

- 3 mar 2015
  Sofía de Roa. "Es fundamental demostrar que cambiamos para conseguir votos" nos dicen desde los partidos.

- 5 mar 2015
  Ignacio F. Toxo: "CC OO se reinventa o se la lleva el viento de la historia". Y a los que no se comprometan con la mejora continua de procesos, también.

- 9 mar 2015
  Ester Crespo. El poder corrompe y estas nuevas organizaciones pueden acabar siendo lo mismo que los viejos partidos políticos. ¿Para cuándo mejora continua?

- 16 mar 2015
  José Álvarez Junco. "Nuestro análisis, o nuestra explicación del mundo, debe partir siempre de datos verificables". ¡Una buena recomendación!

- 20 mar 2015
  Fernando Vallespín. Puede que los nuevos partidos estén ya arrugados al llegar las generales. Un antídoto: la mejora continua de procesos.

- 22 mar 2015
  José Luis González Quirós. Que los partidos se comprometan a elaborar sus propios criterios de calidad puede considerarse bastante ingenuo, pero, tal vez por eso mismo, podría terminar por ser revolucionario.

- 28 mar 2015

  José María Martín Patino, desde el otro lado de la vida: "¡Bienaventurados los españoles que confunden la verdad con la claridad!".

- 29 mar 2015

  Tanto para regenerarse (**PPSOE**) como para estructurarse (**Podemos/Ciudadanos**) es imprescindible la mejora continua de procesos.

- 30 mar 2015

  Moisés Naím. La arrogante insularidad intelectual de los economistas: OK. ¿Y qué tal la endogámica teoría y práctica de los políticos?

- 7 abr 2015

  Podemos & **Ciudadanos**. Sin comprometerse con mejora continua de procesos, "cambio" y "recambio" son la misma cosa → cambios dentro del sistema (Paul Watzlawick).

- 7 abr 2015

  Manuel Cruz. La formación integral del ciudadano es considerada como una antigualla obsoleta. Así no hay democracia que valga.

- 9 abr 2015

  Francesc de Carreras. Populismo y democracia: Opiniones como éstas hoy interesan y sabemos interpretarlas. Antes, no. Hay más cultura democrática.

- 12 abr 2015

  Rivera & **Iglesias** según **Torreblanca** ¿Transparencia contra corrupción sin comprometerse con mejora continua de objetivos? Pan para hoy, hambre para mañana.

- 15 abr 2015

  El Roto. "El comunismo fracasó, el capitalismo fracasó... ¿por qué no probamos a ser decentes?" Todos: representantes y electores.

Notas

107. Sampedro, José Luis, "Triple nivel, doble estrategia y otro desarrollo", *El Trimestre Económico*, Volumen L(3), Número 199, México, Julio-Septiembre 1983, pp. 1655-1675.
108. "Partidos políticos y esfera pública digital", Escuela de Relaciones Laborales, San Bernardo, 49, Madrid, martes 12 marzo 2013, 16:00 – 20:00.
109. Dahl, Robert A., *La democracia*, Barcelona, Editorial Ariel, junio 2012.
110. Medialab-Prado es un programa del Área de Las Artes, Deportes y Turismo del Ayuntamiento de Madrid. Se concibe como un laboratorio ciudadano de producción, investigación y difusión de proyectos culturales que explora las formas de experimentación y aprendizaje colaborativo que han surgido de las redes digitales. Plaza de las Letras. C/ Alameda, 15 28014 Madrid.
111. Gómez-Pallete Rivas, Felipe, "Toma la iniciativa", *Blog de la Asociación por la Calidad y Cultura Digitales*, 23 marzo 2013.
112. Ulrich Beck (1994 – 2015)
113. Molinas, César y Nuez, Elisa de la, "¿Por qué hay…". *Op. cit.*
114. Crespo, Ester, *op. cit.*
115. Alberto Sotillos. *Sociólogo. Director Social Media de Mr. President Consultig Group.* Daniel Jiménez. *Redactor de Noticias Positivas. Militante ecologista.* David Corominas. *PhD. Experto en estrategias de comunicación y en sociología del consumo.* Ester Crespo. *Periodista.* Felipe Gómez-Pallete. *Socio fundador de Dooit Online. Vocal de la Asociación.* Felipe Gómez-Pallete Rivas. *Ingeniero. Presidente de la Asociación.* José Luis González Quirós. *Analista político.* Natalia de la Fuente. *Coordinadora de operaciones de Dontknow.* Verónica Juzgado. *Socióloga.* Víctor Sampedro. *Catedrático. Director del Máster Comunicación, Cultura y Ciudadanía Digitales.*
116. Izquierdo, José María, "¿Y si Rajoy fuera un 'dron' de Merkel?", *El País*, 8 abril 2013.
117. Cifras correspondientes al Partido Popular.
118. http://quehacenlosdiputados.net/
119. http://www.civio.es/project/donde-van-mis-impuestos/
120. http://www.ogp.es/es/indicador-de-eficiencia
121. http://www.civio.es/project/el-indultometro/
122. http://www.transparencia.org.es/INCAU_A%C3%91OS_ANTERIORES.htm
123. Innerarity, Daniel, "¿El final de los partidos?", *El País*, 11 agosto 2013.
124. Hermoso, Borja, 'Entrevista a Joan Massagué', *El País*, 15 agosto 2013.
125. Fernández-Galiano, Luis, "Los límites de la transparencia", *El País*, 9 agosto 2013.
126. Lizcano Álvarez, Jesús, "Veinte medidas contra la corrupción", *El País*, 22 julio 2013.
127. Gómez-Pallete Rivas, Felipe, "Toma la…", *op. cit.*
128. Abellán, Lucía, "El deterioro democrático pone en alerta a la UE", *El País*, 25 septiembre 2013.
129. Lizcano Álvarez, Jesús, *op. cit.*
130. Guillén, Mauro y Ontiveros, Emilio, "Una nueva época", *El País*, 14 octubre 2012.
131. BOE, Núm. 295, Martes 10 de diciembre de 2013, Sec. I., pp. 97922 – 97952.
132. Gómez-Pallete Rivas, Felipe, "Calidad democrática y…", *op. cit.*
133. Plataforma de Afectados por la Hipoteca.
134. Innerarity, Daniel, "Democracia sin política", *El País*, 28 febrero 2014.
135. Pozzi, Sandro, "Joseph Stiglitz: 'Un dólar un voto expresa el fracaso de la democracia'", *El País*, 13 septiembre 2012.
136. Morozov, Evgeny, "El nuevo mundo después de Snowden", *El País*, 15 marzo 2014.
137. Ramos, Irene, "Monitorización parlamentaria: nueva vía de rendición de cuentas social", *infoLibre*, 11 marzo 2014.

138. http://www.civio.es/en
139. http://parlamento20.es/
140. http://quehacenlosdiputados.net/
141. http://unmundosalvadorsoler.org/avizor/
142. http://proyectocolibri.es/
143. Martín Patino, José María, "El presidente y el cardenal", *El País*, 27 marzo 2014.
144. Deiros, Trinidad, 'Entrevista a Felipe Gómez-Pallete', *La Marea*, 6 junio 2013.
145. Álvarez Junco, José, *op. cit.*
146. Martín Patino, José María, "La tiranía…", *op. cit.*
147. Jaime-Castillo, Antonio M. y Coller, Xavier, *op. cit.*
148. Torreblanca, José Ignacio, "El embudo democrático", El País, 7 octubre 2011.
149. Dahl, Robert A., *op. cit.* Capítulo IX: Democracia a distintas escalas: "La ley del tiempo y el número: Cuantos más ciudadanos contenga una unidad democrática, tanto menos podrán participar los ciudadanos directamente en las decisiones políticas y tanto más tendrán que delegar su autoridad sobre otros", pág. 128.
150. Dahl, Robert A., *op. cit.* Capítulo II: ¿Dónde y cómo se inició el desarrollo de la democracia?, pp. 9 – 30.
151. Armada, Alfonso, *op. cit.*
152. Cobino, Marco, "Estado-nación y Soberanía: entre el declive y la transformación", *Trabajos y Ensayos. Publicación de los alumnos del programa de doctorado Cooperación, Integración y Conflicto en la Sociedad Internacional Contemporánea, Universidad del País Vasco,* Número 3, enero 2006.
153. Lapuente Giné, Víctor y Martínez-Sampere, Rocío, "El cielo tendrá que esperar", *El País*, 26 enero 2015.

Epílogo
Salutación de un optimista

Es corriente definir al optimista como a un sujeto mal informado, o decir que lo es quien ve la botella medio llena cuando está a punto de vaciarse. Puesto que son muy variadas las razones para que en la política contemporánea la buena información escasee, cabría definir al optimista como al ciudadano que cree que es posible corregir ese sesgo tan obtuso como impreciso, como aquel que se cree capaz de evitar que el exceso de información expulse a la buena moneda del mercado. Hay otra manera de caracterizar a los optimistas: son aquellos que aseguran que, esté como esté la botella, siempre puede utilizarse para rellenarla. Se me permitirá proclamarme optimista, sea cual sea la analogía escasamente amable que se emplee para describirnos, aunque sólo sea para epilogar brevemente a otro mucho mayor que yo, y no me refiero a la edad, que allá nos andamos.

Felipe Gómez-Pallete ha escrito un texto que rebosa precisión, buena intención y esperanza, es decir que no es un texto político al uso, pues estos suelen abundar en *cuasipalabras*, temores varios y malentendidos artificiosos. Tal vez pueda decirse que es un texto político ante el abuso, pero la circunspección de Felipe, que siempre he procurado imitar, sin éxito alguno, me impediría decirlo. Lo que nos dice es muy claro, pero no suele repararse en ello, a saber, que puesto que los políticos nos piden que depositemos en ellos nuestra confianza, no estaría mal que dieran alguna muestra objetiva y contrastable de estar esforzándose por merecerla.

El autor se dirige, sin embargo, a todos, no sólo, por tanto, a los políticos, y, en realidad, sus palabras debieran encontrar eco, de manera primordial, en aquellos, y empiezan a ser legión, que con mejores o peores razones, pero casi siempre con abundancia de ellas, recelan, por decirlo suavemente, de quienes nos representan, pretenden gobernarnos a título tal y lo hacen, aunque no siempre pensando en nuestros intereses, creencias y derechos. Pues lo que pasa, sin duda alguna, y es un fenómeno bastante universal que en España tiene perfiles especialmente sombríos, es que son muchos los ciudadanos que han caído en la cuenta de que hacer elecciones resulta tan necesario como insuficiente para que las democracias funcionen a la altura de las posibilidades del día, de las posibilidades mismas del sistema y de sus usuarios más conscientes, pero también de las expectativas de los ciudadanos que aspiran a vivir sin que la política les complique con exceso la vida.

Pedir que los partidos se comprometan a tener en cuenta sus propios criterios de control de calidad y que se decidan a hacerlos públicos para mejor información del respetable puede considerarse como bastante ingenuo, pero, tal vez por eso mismo, podría terminar por ser revolucionario. Es ingenuo porque una buena mayoría de los posibles lectores dará por hecho, o bien que eso ya se hace, que la ley obliga y que los partidos, faltaría más, son los primeros en cumplir sus obligaciones y pagar sus impuestos, o bien que no habrá nadie capaz de ponerle ese cascabel al gato. Puede ser revolucionario porque sugiere que en los partidos podría haber alguien que se estuviere ocupando de recoger todo lo bueno que se le pueda ocurrir a cualquiera para ponerlo al servicio de todos a la mayor celeridad, y, aunque no suela ser el caso, no estamos para desperdiciar oportunidades así, por marginales que parezcan.

Reclamar mayor transparencia es ya un tópico demasiado gastado, lo hacen hasta los gobiernos más empeñados en el disimulo. En realidad, la reclamación de transparencia puede convertirse de manera bastante eficiente en un nuevo obstáculo para ocultar lo que realmente ocurre si no se ve acompañada de procedimientos para verificar que existe un empeño efectivo en conseguir mayor calidad en la gestión política, que el partido se preocupa de aquello que hace y de cómo lo hace, sin dar por supuesto que su actuación forma parte, en virtud de algo arcano, de un territorio que nadie tiene derecho a visitar, ni siquiera los propios militantes de cada partido que debieran acostumbrarse a esperar atentamente a oír la voz de su amo para proceder en consecuencia: ladrar lo necesario y morder a quienes se les indique. Cuando no hay controles objetivos que garanticen la observancia de principios y un mínimo de credibilidad no es que quepa temer lo peor, es que lo peor ya es inevitable y se disfrazará, para nuestro engaño y escarnio, de cualquiera de las virtudes o remedios de moda.

Felipe Gómez-Pallete sostiene que la corrupción no es un problema sino que constituye un síntoma claro de dolencias que nos obligan a sospechar la existencia de males todavía más graves. La corrupción es escandalosa pero no necesariamente letal, peor es que, de manera silenciosa, y es sólo una línea de análisis de las varias que podrían seguirse, el sistema funcione de tal guisa que la corrupción quede desconocida y/o impune, y no se puede considerar a nadie como mal pensado por imaginar que la parte del iceberg que emerge sea bastante menor, pues, como se sabe, hay estimaciones que sitúan en los 40.000 millones de euros el coste para el erario público de un sistema de concursos de enorme opacidad, pero muy eficaz para dar asiento a arbitrariedades que nadie podrá ni evitar ni denunciar con eficacia. La corrupción es una perversidad, pero sus raíces verdaderas pueden estar demasiado ocultas para los moralismos al uso, y si así fuere, sería completamente insensato pretender que se pueda erradicarla a base de escándalos y sentencias demediadas, procedimiento que sólo sirve, como parece ha quedado demostrado, para sedar todavía más las atribuladas conciencias de los ciudadanos.

La existencia de un SIC, por modesto que empezase siendo, serviría para actuar en la fuente misma en la que brotan los desmanes. Se trata de introducir prácticas que garanticen la limpieza y la atención de los ciudadanos, la posibilidad misma de que los militantes de cada partido, a los que hay que suponer una honradez inicial indudable, puedan controlar los procesos que, sin control, han de acabar, inevitablemente, en lo que ahora lamentamos. Ya lo dijo el viejo Popper hace tiempo, las leyes no bastan sin tradiciones, sin una cultura viva, que las haga socialmente eficaces. En España hemos solido ser creyentes de una religión particularmente estúpida, la que da en creer que cualquier problema se arregla con una ley, con un nueva norma, y de ahí la espantosa selva que continuamente se acrecienta por la verborrea legislativa con la que nos abruman los parlamentos y los ministerios. Cabe suponer que a mayor literatura gris legislativa y administrativa mayores oportunidades de distraer al ciudadano que acaba conformándose con que a él no le empapelen, dichosa palabra española que describe el santo temor del hombre corriente a caer en las fauces de los poderosos, siempre dispuestos a darse algún banquete a su costa y sin renunciar nunca a declararse sus servidores.

Hemos de hacer cosas, no sólo leyes pretendidamente mejores, y hemos de hacerlas los ciudadanos aumentando nuestras exigencias de credenciales a aquellos que se proponen, nada menos, que actuar en nuestro nombre. Claro es que esto supondrá, como beneficio añadido, que empecemos a tener una saludable distancia con las etiquetas con las que se hace fácil mantenernos cautivos, y, por supuesto, distraídos, que ya están los políticos profesionales para ocuparse de todo.

Me parece que al comienzo de todo gran cambio hay siempre algo que termina por ser obvio, especialmente si el cambio, finalmente, se produce. Si hacemos un ligerísimo esfuerzo para imaginar en abstracto un escenario ideal no hay duda de que las ideas que se exponen en este breve y estimulante texto debieran ser patrimonio común de los competidores, algo tan obvio como que los futbolistas deben jugar con botas especiales y un balón redondo o los motoristas conducir con casco. Los historiadores nos dicen que la redondez del balón tardó tiempo en imponerse, o sea que no desmayemos.

Yo no creo, contra lo que decía la frase de Dürrenmatt, que sea triste vivir en tiempos en los que haya que luchar por cosas evidentes, creo que resulta estimulante y placentero, aunque, hay que reconocerlo, a veces canse un poco. Confío denodadamente en que propuestas como las de Felipe Gómez-Pallete e iniciativas como la de Calidad y Cultura Democráticas sirvan para ir poblando el panorama político español de ideas nuevas y vivas, algo más que meras estrategias del poder, siempre tan digno, para garantizarse una continuidad sin sobresaltos, o agenciarse algún privilegio o fuero de nuevo cuño. Esto es la democracia, lo que hace falta para que la haya en verdad, que la política no sea únicamente cosa de profesionales, sino quehacer de todos los ciudadanos. Felipe ha hecho un buen trabajo y dará que pensar. Hasta es posible que uno de esos escritores de discursos se apropie algún día de estas ideas (es lo que hacen) y la cosa empiece a ponerse en marcha. Los optimistas no nos conformamos con menos, y, dígase lo que se diga, vamos ganando.

JOSÉ LUIS GONZÁLEZ QUIRÓS
Analista político y Profesor de Filosofía,
Universidad Rey Juan Carlos

ÍNDICES

Índice de tablas y figuras

Índice de ilustraciones (Apéndice)

❦

Índice general

www.ingramcontent.com/pod-product-compliance
Lightning Source LLC
Chambersburg PA
CBHW041220270326
41932CB00003B/4